Manuali di conversazione

NUOVO PARLO OLANDESE

Dorothé Beekhuizen

Joan van der Linden

AVALLARDI

Antonio Vallardi Editore s.u.r.l.
Via Gherardini 10 - 20145 Milano

Prima edizione: 1991

Ristampe: 13 12 11 10 9 8 7 6 5 4
2012 2011 2010 2009 2008

ISBN 978-88-8211-793-1

SOMMARIO

PREFAZIONE

PARLO OLANDESE è un manuale di conversazione che vi potrà essere utile durante un vostro soggiorno in Olanda.
Il libretto vi offre, nei limiti dello spazio disponibile, una notevole quantità di parole e di frasi, suddivise per argomento e integrate da consigli pratici. Un libretto come questo non può avere, ovviamente, nessuna pretesa di completezza; vuole invece offrire al turista uno strumento pratico di facile consultazione.

Come usare PARLO OLANDESE

Cominciate con il capitolo sulla pronuncia a pag. 10, dove troverete la trascrizione fonetica di tutte le lettere dell'alfabeto olandese e dei relativi suoni composti. Abbiamo contenuto il più possibile i segni al di fuori dell'alfabeto italiano. Vi consigliamo, tuttavia, di fare continuo riferimento a questo capitolo per controllare di volta in volta la pronuncia dei segni "strani".
I principali argomenti di interesse per il turista, poi, sono suddivisi in 17 capitoli, ognuno dei quali contiene un elenco alfabetico di vocaboli specifici, seguito da alcune frasi semplici che potrebbero risultare utili in quel contesto. A fianco dell'italiano è riportata la traduzione in olandese e, in corsivo, la trascrizione figurata. Per gli argomenti più complessi abbiamo ritenuto utile suddividere il capitolo in sezioni che rispecchiano la stessa struttura logica utilizzata per i capitoli. Ogni capitolo inoltre è corredato da riquadri che, intitolati "può essere utile sapere che", forniscono informazioni pratiche legate alle usanze locali.
In alcuni casi troverete una sezione dall'olandese in italiano. "Ristorazione" per esempio, presenta un elenco alfabetico in olandese dei piatti, che vi permette di orientarvi a grandi linee nel menu. La sezione "Segnaletica stradale" in "Viaggio" vi spiega il significato dei cartelli stradali che incontrerete. In "Salute e assistenza medica", invece, vengono evidenziate le frasi comuni che il medico potrebbe rivolgervi.
Il capitolo "Segnali e avvisi" a pag. 35 contiene, infine, una serie di frasi e scritte che si incontrano facilmente.
La piccola grammatica in fondo al libro, poi, vi fornisce le informazioni minime indispensabili per poter formulare frasi molto semplici. Per rendere più efficaci gli schemi presentati, abbiamo a volte tralasciato la trascrizione figurata.

Alcune osservazioni

È importante sapere che, dato lo scopo del presente manuale, nel caso in cui fossero possibili diverse formulazioni di una frase, abbiamo optato per la traduzione più semplice e di uso più comune, rispettando la corrispondenza del significato piuttosto che quella delle singole parole. La pronuncia suggerita rappresenta quella della lingua correttamente parlata.
Come già detto, la grammatica contiene le nozioni minime; sono stati

tralasciati quasi sempre dettagli ed eccezioni per evitare che "il troppo" creasse confusione piuttosto che chiarezza. Chi, sollecitato da questo libretto, volesse approfondire la lingua olandese, dovrà dotarsi di opportuni strumenti.
Lo spazio concesso non ha permesso inoltre l'inserimento di un elenco alfabetico di tutti i vocaboli usati nel libro. Potrà, quindi, essere utile integrare il manuale con un piccolo dizionario.
Nell'augurarvi che PARLO OLANDESE si riveli un buon compagno di viaggio, concludiamo con un indice alfabetico che vi darà un ulteriore aiuto nel trovare la parola o la frase giusta al momento giusto!

Le autrici

I PRONUNCIA E TRASCRIZIONE FONETICA

Trascrizione fonetica
Raffigurare la pronuncia della lingua olandese non è cosa facile: alla mancanza di regole fisse si affianca la presenza di alcuni suoni sconosciuti alla lingua italiana (p.es. quello della "**ui**").
Abbiamo elaborato una trascrizione fonetica che riflettesse - nel modo più fedele possibile - la pronuncia della lingua correttamente parlata.

Diamo qualche spiegazione relativa ai simboli usati:
- l'accento grave serve a rendere più breve e aperto il suono della vocale (**à, è, ì, ò**);
- il raddoppiamento della vocale serve ad allungare il suono della stessa (**aa, ee, oo**);
- la vocale posta a esponente (^{e}, $^{\ddot{o}}$) serve a rendere quasi muto il suono della stessa.

L'accento
Nelle parole composte da più sillabe abbiamo sottolineato la sillaba sulla quale cade l'accento. Per esempio in werken (lavorare) l'accento cade sulla prima sillaba, in fantastisch (fantastico), l'accento cade sulla seconda sillaba.

Errori più comuni da evitare
- La "**h**" deve essere distintamente aspirata, ma senza esagerarne l'aspirazione.
- Le consonanti poste alla fine della parola devono essere chiaramente pronunciate, senza aggiungere una chiusura vocalica. Quindi: **met** (con) si pronuncia *mèt* e non *mèt*^{e}.

Parole straniere
In fondo allo schema della pronuncia figurata segue un breve elenco delle parole straniere (con relativa pronuncia) che incontrerete nel presente manuale.

VOCALI

Vocale	Pronuncia **approssimativa**	Simbolo	Esempio
a	può essere:		
	1) breve, si pronuncia come la "a" in "gatto", ma tendente alla "o"	*à*	kat [*kàt*] = gatto
	2) lunga, si pronuncia come la "a" in "caso"	*aa*	straten [*straat*^{e}*n*] = strada
aa	si pronuncia come la "a" in "caso", ma con un suono allungato	*aa*	maan [*maan*] = luna

e	può essere: 1) aperta e breve, si pronuncia come la “e” in “letto” 2) muta, si pronuncia come la “e” muta francese nell’articolo francese “le” 3) chiusa e lunga, si pronuncia come la “e” in “mela”	*è* ^{e} *ee*	bed [*bèt*] = letto de [d^e] = il/lo/la - i/gli/le delen [$deel^en$] = dividere eccezione: **een** (art. indef.) = [^en]
ee	si pronuncia come la “e” in “mela”, ma con un suono più allungato	*ee*	been [*been*] = gamba
i	può essere: 1) breve, si pronuncia breve e staccata, ma tendente alla “e” muta 2) lunga, si pronuncia come la “i” italiana 3) muta, si pronuncia come la “e” muta nel suffisso “-ig”	*ì* *i* ^{e}	ik [*ìk*] = io ivoor [*ivoor*] = avorio aardig [*aard^e¢*] = simpatico
ie	si pronuncia come la “i” italiana	*i*	tien [*tin*] = dieci
o	può essere: 1) breve, si pronuncia come la “o” in “notte” 2) lunga, si pronuncia come al “o” in “amore”	*ò* *oo*	pot [*pòt*] = vaso poten [$poot^en$] = zampe
oo	si pronuncia come la “o” in “amore”, ma con un suono allungato	*oo*	poot [*poot*] = zampa
u	può essere: 1) breve, si pronuncia con un suono tra la “e” muta e la “ö” (vedi oltre) 2) lunga, si pronuncia come la “u” francese o lombarda, p.e. nella parola milanese “stupid”.	^{ö} *ü*	bus [$b^ös$] = autobus nu [*nü*] = adesso, ora
uu	si pronuncia come la “u” francese o lombarda, p.e. nella parola milanese “stupid”, ma con un suono allungato	*ü*	muur [*mür*]

y	può essere: 1) breve, si pronuncia come la "i" breve e staccata, tendente alla "e" muta 2) lunga, si pronuncia come la "i" italiana	*ì* *i*	sympathiek [*sìmpatik*] = simpatico synoniem [*sinoonim*] = sinonimo
eu	si pronuncia con un suono misto tra la "e" chiusa e la "o", simile alla "eu" nella parola francese "peu" o nella parola milanese "fioeu"	*ö*	deur [*dör*] = porta
oe	si pronuncia come la "u" italiana	*u*	moeder [*mud*^{e}*r*] = madre

DITTONGHI

Dittongo	Pronuncia **approssimativa**	Simbolo	Esempio
au/ou	suono simile all'"au" in "auto"	*au*	paus [*paus*] = papa koud [*kaut*] = freddo
ei	suono composto che unisce la "e" aperta alla "i"	*èi*	reis [*rèis*] = viaggio
ij	1) si pronuncia come la "ei" 2) si pronuncia come la "e" muta nel suffisso "lijk"	*èi* ^{e}	pijn [*pèin*] = dolore, male natuurlijk [*naatürl*^{e}*k*] = naturale, ovvio
ui	suono composto, praticamente impossibile da raffigurarsi, ci si avvicina alla pronuncia unendo la "ö" della parola francese "peu" alla "i" staccata	*öì*	tuin [*töìn*] = giardino

VOCALI COMPOSTE

aai		*aai*	draai [*draai*] = giro
eeuw		*eeu*	leeuw [*leeu*] = leone
ieuw		*iu*	nieuw [*niu*] = nuovo
oei		*ui*	roeit [*ruit*] = egli rema

ooi		*ooi*	nooit [*nooit*] = mai
uw		*üu*	duw [*düu*] = spinta

CONSONANTI

Cons.	Pronuncia **approssimativa**	Simbolo	Esempio
b	1) si pronuncia come in italiano		
	2) alla fine della parola si pronuncia "p"	*p*	heb [*hèp*] = ho
c	1) si pronuncia come la "c" dura di "casa" se precede "a", "o", "u" oppure consonanti (fatta eccezione per la "h")	*k*	carnaval [*kàrnaavàl*] = carnevale
	2) si pronuncia come la "s" italiana se precede "e", "i", "o", "y"	*s*	censuur [*sènsür*] = censura
cc	1) si pronuncia come la "c" dura + "s" se precede "e", "i", "o", "ij"	*ks*	accent [*àksènt*] = accento
	2) si pronuncia come la "c" dura se precede "o" oppure "u"	*k*	accu [*àkü*] = batteria
ch	ha in olandese tre suoni e solo la provenienza della parola può insegnare il corretto impiego e suono		
	1) si pronuncia con un suono gutturale aspirato, simile alla "c" toscana (vedi "g")	*¢*	chaos [*¢aaòs*] = caos
	2) si pronuncia come la "c" dura	*k*	christelijk [*krìst^{e}l^{e}k*] = cristiano
	3) si pronuncia come la "sc" in "scena"	*sc*	chef [*scèf*] = capo
d	1) si pronuncia come in italiano		
	2) alla fine della parola si pronuncia "t"	*t*	rond [*rònt*] = rotondo
f	si pronuncia come in italiano		

g	si pronuncia con un suono gutturale aspirato, simile alla "c" toscana (vedi "ch")	*¢*	gaan [*¢aan*] = andare
h	davanti a una vocale indica un suono aspirato	*h*	haven [*haaV*^{e}*n*] = porto
j	è sempre seguita da una vocale e viene pronunciata unita alla stessa, come la "i" nella parola "iodio"	*i*	jas [*iàs*] = cappotto
k	si pronuncia come la "c" dura di "casa"	*k*	
l m n p r	come in italiano		
s	si pronuncia come la "s" aspra di "sasso"		
t	come in italiano		
v	si pronuncia come un suono misto tra la "f" e la "v"	*V*	veel [*Veel*] = molto
w	si pronuncia come la "v" italiana	*v*	water [*vaat*^{e}*r*] = acqua
z	si pronuncia come la "s" dolce di "rosa"	*ƶ*	zomer [*ƶoom*^{e}*r*] = estate
ng	suono composto che si pronuncia come la "n" di Congo, mangiando la "g"	*η*	koning [*koonìη*] = re
nj	si pronuncia come la "gn" in "montagne"	*ñ*	oranje [*oràñ*^{e}] = arancione
sj	si pronuncia come la "sc" di "pesce"	*sc*	meisje [*mèìsc*^{e}] = ragazza
sch	suono composto da "s" seguito dalla "c" toscana di "casa"	*s¢*	school [*s¢ool*] = scuola

tie	si pronuncia come	*tsi*	politie [*poolitsi*] = polizia
tion	si pronuncia come	*sciòn*	station [*staasciòn*] = stazione

Parole straniere

Molte parole di origine straniera vengono pronunciate in olandese come nella lingua di provenienza. Diamo qualche esempio:

Il suono "g" in, per esempio, bun**g**alow si pronuncia come la "g" italiana di "**g**ara"	*g*
Il suono "j" in "**j**ournalist" si pronuncia come la "j" francese di "Jean"	*j*
Il suono "ch" in "**ch**ips" si pronuncia come la "cc" in "capu**cc**ino"	*c*

II VOCABOLI, FRASI E LOCUZIONI DI USO COMUNE

FRASI DI EMERGENZA	
Aiuto	Help [*hèlp*]
È importante/urgente	Het is belangrijk/urgent [*hèt ìs b^{e}làŋrèik/^{ö}r¢ènt*]
Presto, chiamate subito un medico	Vlug, een dokter! [*vl^{ö}¢, ^{e}n dòkt^{e}r*]
Dov'è il pronto soccorso?	Waar is een Eerste Hulppost? [*vaar ìs ^{e}n eerst^{e} h^{ö}lpòst?*]
Mi sono perduto/a kwijt zijn = perdersi etw. kwijt zijn = perdere qc.	Ik ben de weg kwijt [*ìk bèn d^{e} vè¢ kvèit*]
Mi hanno derubato/a	Ik ben bestolen [*ìk bèn b^{e}stool^{e}n*]
Dov'è il consolato italiano/ l'ambasciata italiana?	Waar is het Italiaanse Consulaat/de Italiaanse Ambassade? [*vaar ìs hèt itaaliaans^{e} kònsülaat/d^{e} itaaliaans^{e} àmbaasaad^{e}?*]
Dov'è il posto di polizia più vicino?	Waar is het dichtstbijzijnde politiebureau? [*vaar ìs hèt dì¢tsbèiʑèind^{e} poolitsibüroo?*]
Lasciami in pace	Laat me met rust [*laat m^{e} mèt r^{ö}st*]

DOMANDE

Dove?	Waar? [*vaar?*]
Dov'è...?	Waar is...? [*vaar ìs..?*]
Dove sono...?	Waar zijn...? [*vaar ʑèin..?*]
Dove si trova...?	Waar is...? [*vaar ìs..?*]
Dove si può avere...?	Waar kun je ... krijgen? [*vaar k^{ö}n i^{e}... krèi¢^{e}n?*]
Dove posso...?	Waar kan ik...? [*vaar kàn ìk..?*]

Dove abita/abiti?	Waar woont u/waar woon je? [*vaar voont ü?/vaar voon i^{e}?*]
Dove porta questa strada?	Waar komt deze straat op uit? [*vaar kòmt deeȥ^{e} straat òp öìt?*]
Da dove viene/vieni?	Waar komt u vandaan/waar kom je vandaan? [*vaar kòmt ü vàndaan/vaar kòm i^{e} vàndaan?*]
Perché?	Waarom? [*vaaròm?*]
Perché...	Omdat... [*òmdàt...*]
Che cosa?	Wat? [*vàt?*]
Cos'è questo?	Wat is dit? [*vàt ìs dìt?*]
Cos'è successo?	Wat is er gebeurd? [*vàt ìs èr ȼ^{e}bört?*]
Cosa significa?	Wat betekent dat? [*vàt b^{e}teek^{e}nt dàt?*]
Cosa vuole?	Wat wilt u? [*vàt vìlt ü?*]
Chi?	Wie? [*vi?*]
Con chi?	Met wie? [*mèt vi?*]
A chi?	Aan wie? [*aan vi?*]
Da chi? (da parte di)	Van wie? [*vàn vi?*]
Da chi? (presso)	Bij wie? [*bèi vi?*]
Come?	Hoe? [*hu?*]
Come si chiama/ti chiami?	Hoe heet u/hoe heet je? [*hu heet ü/hu heet i^{e}?*]
Come si dice ... in olandese?	Hoe zeg je ... in het Nederlands? [*hu ȥèȼ i^{e}...ìn hèt need^{e}rlànts?*]
Come si pronuncia questa parola?	Hoe spreek je dit woord uit? [*hu spreek i^{e} dìt voort öìt?*]
Come funziona?	Hoe werkt dat? [*hu vèrkt dàt?*]
Quanto?	Hoeveel? [*huveel?*]
Quanto costa?	Hoeveel kost dat? [*huveel kòst dàt?*]
Quanto tempo ci vuole?	Hoe lang duurt het? [*hu làŋ dürt hèt?*]
Quando?	Wanneer? [*vàneer?*]
Quando apre il negozio?	Wanneer gaat de winkel open? [*vàneer ȼaat d^{e} vìnk^{e}l oop^{e}n?*]
Quando chiude l'ufficio postale?	Wanneer sluit het postkantoor? [*vàneer slöìt hèt pòstkàntoor?*]
Quando posso avere...?	Wanneer kan ik ... krijgen? [*vàneer kàn ìk...krèiȼ^{e}n?*]

Quando posso venire?	Wanneer kan ik komen? [*vàneer kàn ìk koom^{e}n?*]
Vorrei	Ik wil graag [*ìk vìl ¢raa¢*] Ik zou willen [*ìk ƶau vìl^{e}n*]
Vorrei/vorremmo avere...	Ik wil graag... hebben/wij willen graag ... hebben [*ìk vìl ¢raa¢...hèb^{e}n/vèi vìl^{e}n ¢raa¢...hèb^{e}n*]
Posso...?	Kan ik ...? [*kàn ìk..?*] Mag ik...? [*mà¢ ìk..?*]
Posso/possiamo avere...?	Kan ik...krijgen/kunnen wij ... krijgen? [*kàn ìk...krèi¢^{e}n?/k^{ö}n^{e}n vèi...krèi¢^{e}n?*] Mag ik...hebben/mogen wij ... hebben? [*mà¢ ìk .. hèb^{e}n?/moo¢^{e}n vèi .. hèb^{e}n?*]
Posso telefonare da qui?	Kan ik hier telefoneren? [*kàn ìk hir teeleefooneer^{e}n?*]
Può indicarmi ...?	Kunt u mij ... wijzen? [*k^{ö}nt ü mèi...vèiƶ^{e}n?*]
Può dirmi...?	Kunt u mij zeggen...? [*k^{ö}nt ü mèi ƶè¢^{e}n...?*]
Può aiutarmi?	Kunt u mij helpen? [*k^{ö}nt ü mèi hèlp^{e}n?*]
Può tradurmi questo?	Kunt u dit voor mij vertalen? [*k^{ö}nt ü dìt voor mèi v^{e}rtaal^{e}n?*]
Può scrivermi **la parola/ la frase**?	Kunt u **het woord/de zin** opschrijven? [*k^{ö}nt ü hèt voort/d^{e} ƶìn òps¢rèiv^{e}n?*]
Può parlare più lentamente?	Kunt u langzamer spreken? [*k^{ö}nt ü làŋƶaam^{e}r spreek^{e}n?*]
Parla...?	Spreekt u ...? [*spreekt ü ...?*]
Parla **italiano/inglese**?	Spreekt u **Italiaans/Engels**? [*spreekt ü itaaliaans/èŋ^{e}ls?*]

SALUTI, PRESENTAZIONI, RINGRAZIAMENTI

Buon giorno	Goedemorgen [*¢ud^{e}mòr¢^{e}n*]
Buona sera	Goedenavond [*¢ud^{e}naavònt*]
Buona notte	Goedenacht [*¢ud^{e}nà¢t*]
Buon viaggio	Goede reis [*¢ud^{e} rèis*]
Ciao	Dag [*daaà¢*]
Arrivederci	Tot ziens [*tòt ƶins*]
A presto	Tot spoedig [*tòt spud^{e}¢*]
A tra poco	Tot straks [*tòt stràks*]
A domani	Tot morgen [*tòt mòr¢^{e}n*]
Benvenuto/i	Welkom [*vèlkòm*]
Come sta?	Hoe maakt u het? [*hu maakt ü hèt?*]

Come stai?	Hoe gaat het? [*hu ¢aat^{e}t?*]
Bene. E Lei?	Goed. En u? [*¢ut. èn ü?*]
Mi scusi/scusami	Sorry [*sòri*]
Permesso	Mag ik? [*mà¢ ìk?*]
	Pardon [*pàrdòn*]
Il mio nome è …	Mijn naam is … [*mèin naam ìs…*]
Mi chiamo…	Ik heet … [*ìk heet…*]
Come si chiama?	Hoe heet u? [*hu heet ü?*]
Come ti chiami?	Hoe heet jij? [*hu heet ièi?*]
Questo è il signor…	Dit is meneer … [*dìt ìs m^{e}neer…*]
Questa è la signora…	Dit is mevrouw … [*dìt ìs m^{e}vrau…*]
Piacere	Aangenaam [*aan¢^{e}naam*]
È Lei **il signor…/la signora…**?	Bent u **meneer…/mevrouw …**? [*bènt ü m^{e}neer…/m^{e}vrau…?*]
Sono qui per **turismo/affari/studi**	Ik ben hier voor **toerisme/zaken/studie** [*ìk bèn hir voor turìsm^e/ƶaak^{e}n/stüdi*]
Grazie	Bedankt [*b^{e}dànkt*]
Grazie per l'informazione.	Dank u voor de inlichtingen [*dànk ü voor d^e ìnlì¢tìŋ^{e}n*]
Grazie mille.	Hartelijk dank [*hàrt^{e}l^{e}k dànk*]
Prego (in risposta a un ringraziamento)	Graag gedaan [*¢raa¢ ¢^{e}daan*]
Prego (nel dare qualcosa)	Alstublieft [*àlstüblift*]

APPROVAZIONE E DISAPPROVAZIONE

Sì	Ja [*iaa*]
Certo/certamente	Zeker [*ƶeek^{e}r*]
Va bene	Oké [*ookee*], goed [*¢ut*]
D'accordo	Oké [*ookee*]
Basta così, grazie	Zo is 't goed, dank u [*ƶoo ìs ^{e}t ¢ut, dànk ü*]
Bene	Goed [*¢ut*]
Benissimo	Prima [*primaa*]
Ottimo	Fantastisch [*fàntàstis*]
Con piacere	Met plezier [*mèt pl^{e}ƶir*]
Mi sono trovato molto bene qui	Ik heb het hier erg naar mijn zin gehad [*ìk hèp hèt hir èr¢ naar m^{e}n ƶìn ¢^{e}hàt*]
Bello!	Leuk! [*lök!*]/Gezellig! [*¢^{e}ƶèl^e¢!*]
Che bello!	Wat mooi! [*vàt mooi!*]

Che buono!	Wat lekker! [*vàt lèk^{e}r!*]
Che fortuna!	Wat een geluk! [*vàt ^{e}n ¢^{e}l^{ö}k!*]
No	Nee [*nee*]
Mai	Nooit [*nooit*]
Niente	Niets [*nits*]
Nessuno	Niemand [*nimànt*]
Non voglio/posso	Ik wil niet/ik kan niet [*ìk vìl nit/ìk kàn nit*]
Non lo so	Ik weet het niet [*ìk veet^{e}t nit*]
Non capisco	Ik begrijp het niet [*ìk b^{e}¢rèip^{e}t nit*]
Non ho…	Ik heb geen … [*ìk hèp ¢een…*]
Si sbaglia/ti sbagli	U vergist zich/Je vergist je [*ü v^{e}r¢ìst ʒì¢/i^{e} v^{e}r¢ìst i^{e}*]
Non è vero	Dat is niet waar [*dàt ìs nit vaar*]
Purtroppo	Helaas [*heelaas*]
Mi dispiace, ma…	Het spijt me, maar … [*h^{e}t spèit m^{e}, maar…*]
(Che) peccato!	Wat jammer! [*vàt iàm^{e}r!*]
Che sfortuna!	Wat een pech! [*vàt ^{e}n pè¢!*]

AUGURI E CONGRATULAZIONI

Auguri!	Gefeliciteerd! [*¢^{e}feelisiteert!*]
Auguri! (per dare coraggio)	Sterkte! [*stèrkt^{e}!*]
Buone feste	Prettige feestdagen [*prètì¢^{e} feestdaa¢^{e}n*]
I miei migliori auguri per…	Mijn beste wensen voor… [*mèin bèst^{e} vèns^{e}n voor…*]
Buona fortuna!	Veel geluk! [*veel ¢^{e}l^{ö}k!*]
In bocca al lupo!	Succes! [*süksès!*]
Complimenti!	Mijn complimenten! [*mèin kòmplimènt^{e}n!*]
Congratulazioni!	Proficiat! [*proofisiàt!*]
Bravo/bravi!	Prima! [*primaa!*]
Buon viaggio!	Goede reis! [*¢ud^{e} rèis!*]
Tanti saluti!	Veel groeten! [*veel ¢rut^{e}n!*]

AGGETTIVI UTILI

allegro	vrolijk [*vrool^{e}k*]
triste	droevig [*druv^{e}¢*]
alto	groot/hoog [*¢root/hoo¢*]
basso	klein/laag [*klèin/laa¢*]
aperto	open [*oop^{e}n*]
chiuso	gesloten [*¢^{e}sloot^{e}n*] dicht [*dì¢t*]
bello	mooi [*mooi*]
brutto	lelijk [*leel^{e}k*]

buono	goed [*¢ut*]
cattivo	slecht [*slè¢t*]
caldo	warm [*vàrm*]
freddo	koud [*kaut*]
caro	duur [*dür*]
a buon mercato	goedkoop [*¢utkoop*]
divertente	leuk [*lök*]
noioso	saai [*saai*]
diritto	recht [*rè¢t*]
storto	krom [*kròm*]
dolce	zoet [*ƶut*]
amaro	bitter [*bìt^{e}r*]
duro	hard [*hàrt*]
morbido	zacht [*ƶà¢t*]
facile	gemakkelijk [*¢^{e}màk^{e}l^{e}k*]
difficile	moeilijk [*muil^{e}k*]
famoso	beroemd [*b^{e}rumt*]
sconosciuto	onbekend [*ònb^{e}kènt*]
forte	sterk [*stèrk*]
debole	zwak [*ƶvàk*]
generoso	gul/royaal [*¢^{ö}l/rooiaal*]
avaro	gierig [*¢ir^{e}¢*]
gentile	vriendelijk [*Vrind^{e}l^{e}k*]
sgarbato	onvriendelijk [*ònVrind^{e}l^{e}k*]
giovane	jong [*iòŋ*]
vecchio	oud [*aut*]
giusto	juist [*iöìst*]
sbagliato	verkeerd [*V^{e}rkeert*]
grande	groot [*¢root*]
piccolo	klein [*klèin*]
grasso	dik [*dìk*]
magro	mager [*maa¢^{e}r*]
intelligente	intelligent [*ìntèli¢ènt*]
stupido	dom [*dòm*]
largo	breed/wijd [*breet/vèit*]
stretto	smal [*smàl*]
leggero	licht [*lì¢t*]
pesante	zwaar [*ƶvaar*]
libero	vrij [*Vrèi*]
occupato	bezet [*b^{e}ƶèt*]
lungo	lang [*làŋ*]
corto	kort [*kòrt*]
migliore	beste [*bèst^{e}*]
peggiore	slechtste [*slè¢tst^{e}*]
nuovo	nieuw [*niu*]
vecchio	oud [*aut*]
piacevole	plezierig [*pl^{e}ƶir^{e}¢*]
spiacevole	onplezierig [*ònpl^{e}ƶir^{e}¢*]
pieno	vol [*Vòl*]
vuoto	leeg [*lee¢*]
presto	vroeg [*Vru¢*]
tardi	laat [*laat*]

pubblico	openbaar [*oop^{e}nbaar*]
privato	privé [*privee*]
pulito	schoon [*s¢oon*]
sporco	vuil [*vöìl*]
ricco	rijk [*rèik*]
povero	arm [*àrm*]
sano	gezond [*¢^{e}ẓònt*]
malato	ziek [*ẓik*]
simpatico	sympathiek [*sìmpaatik*]
antipatico	onsympathiek [*ònsìmpaatik*]
stanco	moe [*mu*]
riposato	uitgerust [*öìt¢^{e}r^{ö}st*]
utile	nuttig [*n^{ö}t^e¢*]
inutile	nutteloos [*n^{ö}t^{e}loos*]
veloce	snel [*snèl*]
lento	langzaam [*làŋẓaam*]
vicino	dichtbij [*dì¢tbèi*]
lontano	ver weg [*vèr vè¢*]

COLORI

arancione	oranje [*ooràñ^e*]
argentato	verzilverd [*v^{e}rẓìlv^{e}rt*]
azzurro	lichtblauw [*lì¢tblau*]
beige	beige [*bèj^e*]
bianco	wit [*vìt*]
blu	blauw [*blau*]
dorato	verguld [*v^{e}r¢^{ö}lt*]
giallo	geel [*¢eel*]
grigio	grijs [*¢rèis*]
marrone	bruin [*bröìn*]
nero	zwart [*ẓvàrt*]
rosa	rose [*ròẓ^e*]
rosso	rood [*root*]
verde	groen [*¢run*]
viola	paars [*paars*]
il colore	de kleur [*d^e klör*]
colorato	gekleurd [*¢^{e}klört*]
tinta unita	effen [*èf^{e}n*]
biondo	blond [*blònt*]
castano	kastanjebruin [*kàstàñ^{e}bröìn*]
chiaro	licht [*lì¢t*]
scuro	donker [*dònk^{e}r*]
fosforescente	fluorescerend [*flüoorèseer^{e}nt*]
lucido	glimmend [*¢lìm^{e}nt*]
opaco	mat [*màt*]

III NUMERI, PESI E MISURE

NUMERI

CARDINALI

0 **nul** [n^{ö}l]
1 **één** [een]
2 **twee** [tvee]
3 **drie** [dri]
4 **vier** [Vir]
5 **vijf** [Vèif]
6 **zes** [ƶès]
7 **zeven** [ƶeeV^{e}n]
8 **acht** [à¢t]
9 **negen** [nee¢^{e}n]

10 **tien** [tin]
11 **elf** [èlf]
12 **twaalf** [tvaalf]
13 **dertien** [dèrtin]
14 **veertien** [Veertin]
15 **vijftien** [Vèiftin]
16 **zestien** [ƶèstin]
17 **zeventien** [ƶeeV^{e}ntin]
18 **achtien** [à¢tin]
19 **negentien** [nee¢^{e}ntin]

20 **twintig** [tvìnt^{e}¢]
21 **eenentwintig** [een^{e}ntvìnt^{e}¢]
22 **tweeëntwintig** [tvee^{e}ntvìnt^{e}¢]
23 **drieëentwintig** [dri^{e}ntvìnt^{e}¢]
30 **dertig** [dèrt^{e}¢]
40 **veertig** [Veert^{e}¢]
50 **vijftig** [Vèift^{e}¢]
60 **zestig** [ƶèst^{e}¢]
70 **zeventig** [ƶeeV^{e}nt^{e}¢]
80 **tachtig** [tà¢t^{e}¢]
90 **negentig** [nee¢^{e}nt^{e}¢]
100 **honderd** [hònd^{e}rt]
101 **honderdeen** [hònd^{e}rteen]
102 **honderdtwee** [hònd^{e}rtvee]
131 **honderdeenendertig** [hònd^{e}rteen^{e}ndèrt^{e}¢]
200 **tweehonderd** [tveehònd^{e}rt]
300 **driehonderd** [drihònd^{e}rt]
400 **vierhonderd** [Virhònd^{e}rt]
1000 **duizend** [döìƶ^{e}nt]
1001 **duizendeen** [döìƶ^{e}nteen]
1100 **elfhonderd** [èlfhònd^{e}rt]
2000 **tweeduizend** [tveedöìƶ^{e}nt]
2100 **éénentwintighonderd** [een^{e}ntvìnt^{e}¢hònd^{e}rt]
10000 **tienduizend** [tindöìƶ^{e}nt]
100000 **honderdduizend** [hònd^{e}rdöìƶ^{e}nt]
1.000.000 **miljoen** [mìliun]
1.000.000.000 **miljard** [mìliàrt]

Dal 13 al 99 le unità precedono le decine e dal 21 al 99 sono unite mediante **-en:** 21 = eenentwintig.

Per maggiore chiarezza si può mettere un punto dopo le migliaia: 2.000.000; 45.789.456.333 ecc.

ORDINALI

Per formare i numeri ordinali si aggiunge **-de** [*d^e*] *o* **-ste** [*st^e*] al numero cardinale

1. **eerste** [*eerst^e*]
2. **tweede** [*tveed^e*]
3. **derde** [*dèrd^e*]
4. **vierde** [*Vird^e*]
5. **vijfde** [*Vèifd^e*]
6. **zesde** [*ʒèsd^e*]
7. **zevende** [*ʒeeV^end^e*]
8. **achtste** [*àçst^e*]
9. **negende** [*neeç^end^e*]
10. **tiende** [*tind^e*]
11. **elfde** [*èlfd^e*]
12. **twaalfde** [*tvaalfd^e*]
13. **dertiende** [*dèrtind^e*]
14. **veertiende** [*Veertind^e*]
15. **vijftiende** [*Vèiftind^e*]
16. **zestiende** [*ʒèstind^e*]
17. **zeventiende** [*ʒeeV^entind^e*]
18. **achtiende** [*àçtind^e*]
19. **negentiende** [*neeç^entind^e*]

A partire da 20 i numeri ordinali si formano aggiungendo **-ste**, p. es.:

20. **twintigste** [*tvìnt^eçst^e*]
21. **èènentwintigste** [*een^entvìnt^eçst^e*]
22. **tweeëntwintigste** [*tvee^entvìnt^eçst^e*]
30. **dertigste** [*dèrt^eçst^e*]

ecc.

PESI E MISURE

Per le misure di lunghezza, larghezza e altezza vengono usate le stesse abbreviazioni usate in Italia, cioè: *cm, dm, m, km,* m^2, m^3, km^2, *cl, dl, l*

centimetro	centimeter [*sèntimeet*^{e}*r*]
metro	meter [*meet*^{e}*r*]
chilometro	kilometer [*kiloomeet*^{e}*r*]
1 metro quadrato	1 vierkante meter [*een virkànt*^{e} *meet*^{e}*r*]
1 chilometro quadrato	1 vierkante kilometer [*een virkànt*^{e} *kiloomeet*^{e}*r*]
1 miglio marittimo	1 zeemijl [*een ʐeemèil*]
1/4 litro	1/4 liter [^{e}*n kvàrt lit*^{e}*r*]
1/2 litro	1/2 liter [^{e}*n hàlv*^{e} *lit*^{e}*r*]
1 litro	1 liter [*een lit*^{e}*r*]
1,5 litri	1,5 liter [*ànd*^{e}*rhàlv*^{e} *lit*^{e}*r*]
2,5 litri	2,5 liter [*tvee*^{e}*nhàlv*^{e} *lit*^{e}*r*]
100 grammi/1 etto	100 gram/1 ons [*hònd*^{e}*rt ȼràm/ een òns*]
500 grammi/mezzo chilo	500 gram/1 pond [*vèifhònd*^{e}*rt ȼràm/een pònt*]
1 chilo	1 kilo [*een kiloo*]
1 quintale	100 kilo [*hònd*^{e}*rt kiloo*]
1 tonnellata	1 ton [*een tòn*]
1 paio	1 paar [^{e}*n paar*]
1 pezzo	1 stuk [^{e}*n st*^{ö}*k*]
1 dozzina	1 dozijn [^{e}*n dooʐèin*]
1 porzione	1 portie [^{e}*n pòrsi*]

IV TEMPO CRONOLOGICO E TEMPO METEOROLOGICO

IL TEMPO SCORRE

ORE

minuto	minuut [*minüt*]
secondo	seconde [*s^{e}kònd^{e}*]
ora	uur [*ür*]
mezz'ora	half uur [*hàlf ür*]
quarto d'ora	kwartier [*kvàrtir*]
mattino	ochtend [*ò¢t^{e}nt*]
pomeriggio	middag [*mìdà¢*]
sera	avond [*aaVònt*]
notte	nacht [*nà¢t*]
Che ore sono/che ora è?	Hoe laat is het? [*hu laat ìȥ^{e}t?*]
È l'una	Het is één uur [*h^{e}tìs een ür*]
Sono le due	Het is twee uur [*h^{e}tìs tvee ür*]
Sono le due e un quarto	Het is kwart over twee [*h^{e}tìs kvàrt ooV^{e}r tvee*]
Sono le due e mezzo	Het is half drie [*h^{e}tìs hàlf dri*]
Sono le due e venti	Het is tien voor half drie [*h^{e}tìs tin Voor hàlf dri*]
Sono le due meno dieci	Het is tien voor twee [*h^{e}tìs tin Voor tvee*]
Dalle due alle quattro	Van twee tot vier [*Vàn tvee tòt Vir*]
Tra le cinque e le sei	Tussen vijf en zes [*t^{ö}s^{e}n Vèif èn ȥès*]
È mezzogiorno	Het is twaalf uur [*h^{e}tìs tvaalf ür*]
È mezzanotte	Het is middernacht [*h^{e}tìs mìd^{e}rnà¢t*]
Domani mattina, mi può svegliare alle sei e mezzo?	Kunt u mij morgenochtend om half zeven wekken? [*k^{ö}nt ü mèi mòr¢^{e}nò¢t^{e}nt òm hàlf ȥeeV^{e}n vèk^{e}n?*]
Fino a che ora rimane aperto il museo?	Tot hoe laat is het museum open? [*tòt hu laat ìs^{e}t müȥeei^{ö}m oop^{e}n?*]
A che ora parte il treno?	Hoe laat vertrekt de trein? [*hu laat V^{e}rtrèkt d^{e} trèin?*]

L'autobus parte ogni mezz'ora	De bus vertrekt elk half uur *[d^{e} b^{ö}s v^{e}rtrèkt èlk hàlf ür]*
A che ora posso venire?	Hoe laat kan ik komen? *[hu laat kàn ìk koom^{e}n?]*

CALENDARIO

anno	jaar *[iaar]*
annuale/ annualmente	jaarlijks *[iaarl^{e}ks]*
ogni anno	ieder jaar *[id^{e}r iaar]*
epoca	tijdperk *[tèitpèrk]*
epoca romana	Romeinse Tijd *[roomèins^{e} tèit]*
era	tijdperk *[tèitpèrk]*
medioevo	Middeleeuwen *[mìd^{e}leeu^{e}n]*
età contemporanea	Moderne Tijd *[moodèrn^{e} tèit]*
giorno	dag *[dà¢]*
giorno feriale	werkdag *[vèrkdà¢]*
giorno festivo	feestdag *[feesdà¢]*
giornaliero	dagelijks *[daa¢^{e}l^{e}ks]*
mese	maand *[maant]*
trimestre	trimester *[trimèst^{e}r]*
semestre	semester *[s^{e}mèst^{e}r]*
mensile	maandelijks *[maand^{e}l^{e}ks]*
bimensile	twee keer per maand *[tvee keer pèr maant]*
periodo	periode *[peeriood^{e}]*
periodicamente	periodiek *[peerioodik]*
secolo	eeuw *[eeu]*
nel quarto secolo a.C.	in de vierde eeuw v.C. *[ìn d^{e} vird^{e} eeu voor krìst^{ö}s]*
settimana	week *[veek]*
settimanale/ settimanalmente	wekelijks *[veek^{e}l^{e}ks]*
stagione	seizoen *[sèizun]*
tempo	tijd *[tèit]*
temporaneo/ temporaneamente	tijdelijk *[tèid^{e}l^{e}k]*
volta	keer *[keer]*
una volta	één keer *[een keer]*
ogni volta	elke keer *[èlk^{e} keer]*

Giorno

alba	zonsopgang [ƶònsòp¢àŋ]
mattina	ochtend [ò¢t^{e}nt]
mezzogiorno	twaalf uur [tvaalf ür]
pomeriggio	middag [mìdà¢]
tramonto	zonsondergang [ƶònsònd^{e}r¢àŋ]
sera	avond [aaʋònt]
notte	nacht [nà¢t]
mezzanotte	middernacht [mìd^{e}rnà¢t]
oggi	vandaag [ʋàndaa¢]
oggi otto	over een week [ooʋ^{e}r ^{e}n veek]
domani	morgen [mòr¢^{e}n]
dopodomani	overmorgen [ooʋ^{e}rmòr¢^{e}n]
ieri	gisteren [¢ìst^{e}r^{e}n]
l'altro ieri	eergisteren [eer¢ìst^{e}r^{e}n]

Settimana

lunedì	maandag [maandà¢]
martedì	dinsdag [dìnsdà¢]
mercoledì	woensdag [vunsdà¢]
giovedì	donderdag [dònd^{e}rdà¢]
venerdì	vrijdag [ʋrèidà¢]
sabato	zaterdag [ƶaat^{e}rdà¢]
domenica	zondag [ƶòndà¢]

Mesi

gennaio	januari [iaanüaari]
febbraio	februari [feebrüaari]
marzo	maart [maart]
aprile	april [aaprìl]
maggio	mei [mèi]
giugno	juni [iüni]
luglio	juli [iüli]
agosto	augustus [au¢^{ö}st^{ö}s]
settembre	september [sèptèmb^{e}r]
ottobre	oktober [òktoob^{e}r]
novembre	november [nooʋèmb^{e}r]
dicembre	december [deesèmb^{e}r]

Stagioni

primavera	lente [lènt^{e}]
estate	zomer [ƶoom^{e}r]
autunno	herfst [hèrfst]
inverno	winter [vìnt^{e}r]

LOCUZIONI E AVVERBI DI TEMPO

Locuzioni di tempo

di giorno	overdag [*oovERdàç*]
di mattina	's ochtends [*sòçtens*]
a mezzogiorno	om twaalf uur [*òm tvaalf ür*]
di pomeriggio	's middags [*smìdàçs*]
di sera	's avonds [*saavòns*]
di notte	's nachts [*snàçs*]
a mezzanotte	om middernacht [*òm mìdernàçt*]
stamattina	vanochtend [*vànòçtent*]
oggi pomeriggio	vanmiddag [*vàmìdàç*]
stasera	vanavond [*vànaavònt*]
stanotte	vannacht [*vànàçt*]
due giorni fa	twee dagen geleden [*tvee daaçen çeleeden*]
da dieci giorni	sinds tien dagen [*sìns tin daaçen*]
entro una settimana	binnen een week [*bìnen en veek*]
tra un mese	over een maand [*oover en maant*]
quest'anno	dit jaar [*dìt iaar*]
l'anno scorso	vorig jaar [*vòreç iaar*]
l'anno prossimo	volgend jaar [*vòlçent iaar*]
ogni anno	ieder jaar [*ider iaar*]

Avverbi di tempo

adesso	nu [*nü*]
dapprima	eerst [*eerst*]
immediatamente	onmiddellijk [*òmìdelek*]
in tempo	op tijd [*òp tèit*]
mai	nooit [*nooit*]
ora	nu [*nü*]
presto	vlug [*vlöç*]
prima	eerst [*eerst*]
raramente	zelden [*zèlden*]
sempre	altijd [*àltèit*]
spesso	vaak [*vaak*]
subito	meteen [*meteen*]
talvolta	soms [*sòms*]
tardi	laat [*laat*]
più tardi	later [*laater*]
Che giorno è oggi?	Wat voor dag is het vandaag? [*vàt voor dàç ìset vàndaaç?*]
Quando posso venire?	Wanneer kan ik komen? [*vàneer kàn ìk koomen?*]
Quanto tempo intende fermarsi?	Hoe lang denkt u te blijven? [*hu làŋ dènkt ü te blèiven?*]

Qual è il **mese**/ la **stagione** migliore per visitare l'Olanda?	Wat is de beste **maand**/ het beste **seizoen** om Nederland te bezoeken? [*vàt ìs d^{e} bèst^{e} maant/ hèt bèst^{e} sèiƶun òm need^{e}rlànt t^{e} b^{e}ƶuk^{e}n*?]
Sono nato il 2 dicembre 1952	Ik ben op 2 december 1952 geboren [*ìk bèn òp tvee deesèmb^{e}r nee¢^{e}ntinhònd^{e}rtvee^{e}nvèift^{e}¢ ¢^{e}boor^{e}n*]
In quale giorno della settimana la piscina rimane chiusa?	Welke dag van de week is het zwembad gesloten? [*vèlk^{e} dà¢ vàn d^{e} veek ìs^{e}t ƶvèmbàt ¢^{e}sloot^{e}n*?]
Sono in ritardo di un'ora	Ik ben een uur te laat [*ìk bèn ^{e}n ür t^{e} laat*]

FESTE E RICORRENZE

Una festa molto importante per gli olandesi è *Sinterklaas* (San Nicola) che si celebra il 5/6 dicembre con molto folclore e che coinvolge grandi e piccoli. I piccoli ricevono regali che *Sinterklaas*, passando sui tetti con il suo cavallo bianco, cala personalmente nei camini delle case. I grandi invece si improvvisano tutti poeti, accompagnando lo scambio di regali con ogni tipo di scherzo e poesie spiritose, molto personalizzate.

Capodanno	Nieuwjaarsdag [*niuiaarsdà¢*]
carnevale	Carnaval [*kàrnaavàl*]
compleanno	verjaardag [*v^{e}riaardà¢*]
festa	feest [*feest*]
Epifania	Driekoningen [*drikoonìŋ^{e}n*]
Natale	Kerstmis [*kèrstmìs*]
Santo Stefano	Tweede Kerstdag [*tveed^{e} kèrstdà¢*]
onomastico	naamdag [*naamdà¢*]
Pasqua	Pasen [*paas^{e}n*]
Pasquetta	Tweede Paasdag [*tveed^{e} paasdà¢*]
Pentecoste	Pinksteren [*pìnkst^{e}r^{e}n*]
1° maggio	één mei [*een mèi*]
San Nicola	Sinterklaas [*sìnt^{e}rklaas*]

NB In Olanda ci sono inoltre le seguenti festività:

30 aprile: *Koninginnedag*	Festa della regina
5 maggio: *Bevrijding*	Festa della Liberazione
Hemelvaart	Ascensione
Tweede Pinksterdag	Secondo giorno di Pentecoste

In Italia molte famiglie fanno il presepe e decorano l'albero di Natale. Lo fate anche voi?	Veel gezinnen in Italië zetten een kerststalletje en versieren de kerstboom. Doen jullie dat ook? [*veel ¢^{e}ẓìn^{e}n ìn itaali^{e} ẓèt^{e}n ^{e}n kèrstàl^{e}ti^{e} èn v^{e}rsir^{e}n d^{e} kèrstboom. dun iöli dàt ook?*]
In Italia molte persone festeggiano l'ultimo dell'anno fuori casa	Veel mensen in Italië vieren oudejaarsavond buitenshuis [*veel mèns^{e}n ìn itaali^{e} vir^{e}n aud^{e}iaarsaavònt böìt^{e}nshöìs*]
Quanto durano le vacanze scolastiche estive in Olanda?	Hoe lang duurt de zomervakantie van de scholen in Nederland? [*hu làŋ dürt d^{e} ẓoom^{e}rvàkàntsi vàn d^{e} s¢ool^{e}n ìn need^{e}rlànt?*]
Il 1° maggio anche da voi ci sono cortei?	Houden jullie ook één mei - optochten? [*haud^{e}n iöli ook eeǹ mèi òptò¢t^{e}n?*]
Tanti auguri per il tuo compleanno	Hartelijk gefeliciteerd met je verjaardag [*hàrt^{e}l^{e}k ¢^{e}feelisiteert mèt i^{e} v^{e}riaardà¢*]
Brindiamo alla salute di Kees	Op je gezondheid, Kees! [*òp i^{e} ¢^{e}ẓònthèit, kees!*]

ETÀ DELL'UOMO

adulto	volwassene [*vòlvàs^{e}n^{e}*]
anno	jaar [*iaar*]
anziano	bejaarde [*b^{e}iaard^{e}*]
bambino/a	kind [*kìnt*]
crescita	groei [*¢rui*]
crescere	groeien [*¢rui^{e}n*]
data di nascita	geboortedatum [*¢^{e}boort^{e}daatöm*]
donna	vrouw [*vrau*]
età	leeftijd [*leeftèit*]
di mezza età	van middelbare leeftijd [*vàn mìd^{e}lbaar^{e} leeftèit*]
giovane (agg.)	jong [*iòŋ*]
i giovani	de jongeren [*d^{e} iòŋ^{e}r^{e}n*]
gioventù	jeugd [*iö¢t*]
infanzia	kindertijd [*kìnd^{e}rtèit*]
maggiorenne	meerderjarige [*meerd^{e}riaar^{e}¢^{e}*]

minorenne	minderjarige [*mìnd^{e}riaar^{e}¢^{e}*]
morto (agg.)	dood [*doot*]
morto (sost.)	dode [*dood^{e}*]
nascita	geboorte [*¢^{e}boort^{e}*]
neonato	baby [*beebi*]
primogenito	oudste [*autst^{e}*]
ragazza	meisje [*mèisc^{e}*]
ragazzo	jongen [*iòŋ^{e}n*]
uomo	man [*màn*]
vecchio (agg.)	oud [*aut*]
vecchio/ vecchia	oude man/ oude vrouw [*aud^{e} màn/aud^{e} vrau*]
vecchiaia	ouderdom [*aud^{e}rdòm*]
invecchiare	oud worden [*aut vòrd^{e}n*]
vita	leven [*leev^{e}n*]
Quanti anni ha/hai?	Hoe oud bent u/ hoe oud ben jij? [*hu aut bènt ü/hu aut bèn ièi?*]
Ho vent'anni	Ik ben twintig [*ìk bèn tvìnt^{e}¢*]
Che età ha il suo bambino?	Hoe oud is uw kindje? [*hu aut ìs üu kìnti^{e}?*]
In che anno sei nato?	In welk jaar ben je geboren? [*ìn vèlk iaar bèn i^{e} ¢^{e}boor^{e}n?*]
È vero che in Olanda i giovani vanno a vivere da soli a 18 anni?	Is het waar dat in Nederland de jongeren alleen gaan wonen als ze 18 zijn? [*ìs h^{e}t vaar dàt ìn need^{e}rlànt d^{e} iòŋ^{e}r^{e}n àleen ¢aan voon^{e}n àls ẓ^{e} à¢tin ẓèin?*]

CHE TEMPO FA?

acquazzone	stortbui [*stòrtböì*]
arcobaleno	regenboog [*reeȼ^{e}nbooȼ*]
aria	lucht [*l^{ö}ȼt*]
atmosfera	atmosfeer [*àtmòsfeer*]
barometro	barometer [*baaroomeet^{e}r*]
brina	rijp [*rèip*]
caldo (agg.)	warm [*vàrm*]
caldo (sost.)	hitte [*hìt^{e}*]
cielo	lucht/hemel [*l^{ö}ȼt/heem^{e}l*]
sereno	helder [*hèld^{e}r*]
nuvoloso	bewolkt [*b^{e}vòlkt*]
coperto	bedekt [*b^{e}dèkt*]
clima	klimaat [*klimaat*]
secco	droog [*drooȼ*]
umido	vochtig [*Vòȼt^{e}ȼ*]
corrente d'aria	tocht [*tòȼt*]
foschia	nevel [*neeV^{e}l*]
freddo (agg.)	koud [*kaut*]
freddo (sost.)	koude [*kaud^{e}*]
fulmine	bliksem [*blìks^{e}m*]
gelo	vorst [*Vòrst*]
gelare	vriezen [*Vriƶ^{e}n*]
gelato	bevroren [*b^{e}Vroor^{e}n*]
ghiaccio	ijs [*èis*]
grandine	hagel [*haaȼ^{e}l*]
grandinare	hagelen [*haaȼ^{e}l^{e}n*]
lampo	bliksemflits [*blìks^{e}mflìts*]
luna	maan [*maan*]
nebbia	mist [*mìst*]
nebbioso	mistig [*mìst^{e}ȼ*]
neve	sneeuw [*sneeu*]
nevicare	sneeuwen [*sneeu^{e}n*]
nuvola	wolk [*vòlk*]
pioggia	regen [*reeȼ^{e}n*]
pioggerellina	motregen [*mòtreeȼ^{e}n*]
piovere	regenen [*reeȼ^{e}n^{e}n*]
goccia di pioggia	regendruppel [*reeȼ^{e}ndr^{ö}p^{e}l*]
sole	zon [*ƶòn*]
soleggiato	zonnig [*ƶòn^{e}ȼ*]
prendere il sole	zonnebaden [*ƶòn^{e}baad^{e}n*]

stella	ster [*stèr*]
stellato	met sterren [*mèt stèr^{e}n*]
stella cadente	vallende ster [*vàl^{e}nd^e stèr*]
temperatura	temperatuur [*tèmp^{e}raatür*]
gradi (di temperatura)	graden [*¢raad^{e}n*]
sopra lo zero	boven nul [*boov^{e}n n^{ö}l*]
sotto lo zero	onder nul [*ònd^{e}r n^{ö}l*]
tempesta	storm [*stòrm*]
tempestoso	stormachtig [*stòrmà¢t^e¢*]
temporale	onweer [*ònveer*]
termometro	thermometer [*tèrmoomeet^{e}r*]
tuono	donderslag [*dònd^{e}rslà¢*]
umidità	vocht [*vò¢t*]
umido	vochtig [*vò¢t^e¢*]
vento	wind [*vìnt*]
ventoso	winderig [*vìnd^{e}r^e¢*]
forza del vento	windkracht [*vìntkrà¢t*]
direzione del vento	windrichting [*vìntrì¢tìŋ*]
tramontana	Noorderwind [*noord^{e}rvìnt*]
vento di levante	Oostenwind [*oost^{e}nvìnt*]
vento australe	Zuiderwind [*ȥöìd^{e}rvìnt*]
vento di ponente	Westenwind [*vèst^{e}nvìnt*]
Che bel tempo	Wat een heerlijk weer [*vàt ^{e}n heerl^{e}k veer*]
Sa come sono le previsioni per domani?	Wat zijn de weerberichten voor morgen? [*vàt ȥèin d^e veerb^{e}rì¢t^{e}n voor mòr¢^{e}n?*]
Oggi pioverà?	Gaat het vandaag regenen? [*¢aat hèt vàndaa¢ ree¢^{e}n^{e}n?*]
Mi piace tanto la neve	Ik ben dol op sneeuw [*ìk bèn dòl òp sneeu*]
Sa se ci sarà nebbia stasera?	Weet u of het vanavond gaat misten? [*veet ü òf hèt vànaavònt ¢aat mìst^{e}n?*]
Ho tanto freddo, non si può accendere il calorifero?	Ik heb het zo koud, kunt u de verwarming aanzetten? [*ìk hèp hèt ȥoo kaut, k^{ö}nt ü d^e v^{e}rvàrmìŋ aanȥèt^{e}n?*]
Il vento tira da nord/ sud/ ovest/ est	De wind waait uit het Noorden/ Zuiden/ Westen/ Oosten [*d^e vìnt vaait öìt hèt noord^{e}n/ȥöìd^{e}n/ vèst^{e}n/oost^{e}n*]

V SEGNALI E AVVISI

Aankomst	Arrivi
Bellen a.u.b.	Suonare, per favore
Binnen zonder kloppen	Avanti, Entrare senza bussare
Bezet	Occupato
Buiten dienst	Fuori servizio
Dames	Signore
Denk aan onze kinderen	Attenzione ai nostri figli (invito alla guida prudente)
Deur sluiten	Chiudere la porta
Doorgaand verkeer	Tutte le direzioni
Drempel	Dosso artificiale sulla carreggiata per limitare la velocità dei motoveicoli
Duwen	Spingere
Eerst kloppen	Bussare prima di entrare
Eigen terrein	Proprietà privata
Eigen weg	Strada privata
Fietspad	Pista ciclabile
Geopend van ... tot	Aperto da ... a ...
Gereserveerd	Riservato
Gesloten	Chiuso
Gestremd verkeer	Chiuso al traffico
Heren	Signori
Hoogspanning	Alta tensione
Ingang	Entrata
Inlichtingen	Informazioni
Inrit vrijlaten	Lasciare libero il passaggio
Kamperen verboden	Divieto di campeggio
Kassa	Cassa
Koud	Freddo
Laden/Lossen	Carico/Scarico
Let op!	Attenzione!
Levensgevaar	Pericolo di morte
Lift	Ascensore
Loodvrije benzine	Benzina senza piombo
Mannen	Uomini
Motor af	Spegnere il motore
Niet aanraken, a.u.b.	Non toccare, per favore

Niet roken	Non fumare
Nooduitgang	Uscita di sicurezza
Ontsteek uw lichten	Accendere le luci
Open	Aperto
Openingstijden	Orario di apertura
Opgepast/ Opgelet	Attenzione!
Pas geverfd	Verniciato di fresco
Pas op voor de hond	Attenti al cane
Privé	Privato
Rijwielpad	Pista ciclabile
Sluitingstijden	Orario di chiusura
Stopverbod	Divieto di fermata
Te huur	Affittasi
Te koop	Vendesi
Trekken	Tirare
Uit	Uscita (in autostrada)
Uitgang	Uscita
Uitrit vrijlaten	Lasciare libero il passaggio
Uitverkocht	Esaurito
Uitverkoop	Saldi
Vaart minderen spaart kinderen	Velocità moderata, una vita salvata (invito alla guida prudente)
Verboden te parkeren	Divieto di parcheggio
Verboden te roken	Vietato fumare
Verboden toegang	Ingresso vietato
Verboden te zwemmen	Divieto di balneazione
Verboden te vissen	Divieto di pesca
Verdieping	Piano (di edificio)
Vertrek, Vertrekhal	Partenze
Voetgangers	Pedoni
Vol	Completo
Voor honden verboden	Vietato introdurre cani
Vrij	Libero
Vrije toegang	Entrata libera
Warm	Caldo
Wegomlegging	Deviazione
Woonerf	Zona residenziale con precedenza assoluta per i pedoni e velocità limitata per i veicoli

VI VIAGGIO

DOGANA

Dopo l'eliminazione delle frontiere tra i paesi della UE, avvenuta nel 1997, può sembrare fuori luogo iniziare questo capitolo con "DOGANA". Il passaggio del confine, tuttavia, rappresenta il momento in cui ci si rende conto che le barriere linguistiche ancora non sono cadute e che è ora di prendere in mano il libretto.

carta d'identità	identiteitsbewijs [*idèntitèitsb^e^vèis*] (come tale, non esiste in Olanda)
carta verde	groene kaart (*¢run^e^ kaart*]
confine di stato	grens [*¢rèns*]
controllo	controle [*kòntròl^e^*]
controllare	controleren [*kòntrooleer^e^n*]
dichiarare	aangeven [*aan¢eev^e^n*]
dogana	douane [*duaan^e^*]
frontiera	grens [*¢rèns*]
libretto di circolazione	kentekenbewijs [*kènteek^e^nb^e^vèis*]
passaporto	paspoort [*pàspoort*]
patente di guida	rijbewijs [*rèib^e^vèis*]
ufficio cambio	wisselkantoor [*vìs^e^lkàntoor*]
Non ho niente da dichiarare	Ik heb niets aan te geven [*ìk hèp nits aan t^e^ ¢eev^e^n*]
I figli sono registrati sul mio passaporto	De kinderen staan op mijn paspoort [*d^e^ kìnd^e^r^e^n staan òp mèin pàspoort*]
Dove posso cambiare i soldi?	Waar kan ik geld wisselen? [*vaar kàn ìk ¢èlt vìs^e^l^e^n?*]

aereo, aeroplano	vliegtuig [*vli¢töì¢*]
aereo di linea	lijnvliegtuig [*lèinvli¢töì¢*]
aeroporto	vliegveld [*vli¢vèlt*]
altitudine	hoogte [*hoo¢t*^{e}]
atterraggio	landing [*làndìŋ*]
atterraggio di fortuna	noodlanding [*nootlàndìŋ*]
atterrare	landen [*lànd*^{e}*n*]
bagaglio	bagage [*baa¢aaj*^{e}]
bagaglio a mano	handbagage [*hàntbaa¢aaj*^{e}]
valigia	koffer [*kòf*^{e}*r*]
cabina	cockpit [*kòkpìt*]
carrello portabagagli	bagagekarretje [*baa¢aaj*^{e}*kàr*^{e}*ti*^{e}]
carta di imbarco	instapkaart [*ìnstàpkaart*]
compagnia aerea	luchtvaartmaatschappij [*l*^{ö}*¢tvaartmaats¢àpèi*]
cintura di sicurezza	veiligheidsgordels [*vèilì¢hèits¢òrd*^{e}*ls*]
decollo	opstijgen [*òpstèi¢*^{e}*n*]
decollare	opstijgen [*òpstèi¢*^{e}*n*]
documenti	papieren [*pàpir*^{e}*n*]
elicottero	helicopter [*heelikòpt*^{e}*r*]
equipaggio	bemanning [*b*^{e}*mànìŋ*]
fare il check-in	inchecken [*ìncèk*^{e}*n*]
fuso orario	tijdsverschil [*tèitsv*^{e}*rs¢ìl*]
hostess	stewardess [*stiuvàrdès*]
mal d'aria	luchtziek [*l*^{ö}*¢tzik*]
paracadute	parachute [*paaraasciüt*]
passeggero	passagier [*pàsaajir*]
pasti a bordo	maaltijden aan boord [*maaltèid*^{e}*n aan boort*]
pilota	piloot [*piloot*]
pista di atterraggio	landingsbaan [*làndìŋsbaan*]
pista di decollo	startbaan [*stàrtbaan*]
pressione	luchtdruk [*l*^{ö}*¢tdr*^{ö}*k*]
scalo	tussenlanding [*t*^{ö}*s*^{e}*nlàndìŋ*]
scendere	dalen [*daal*^{e}*n*]
sedile	stoel [*stul*]
torre di controllo	verkeerstoren [*v*^{e}*rkeerstoor*^{e}*n*]

uscita d'emergenza	nooduitgang [*nootöìt¢àŋ*]
viaggio in aereo	vliegreis [*vli¢rèis*]
volo	vlucht [*vlö¢t*]
volo charter	chartervlucht [*ciàrtervlö¢t*]
volo giornaliero	dagelijkse vlucht [*daa¢eleksevlö¢t*]
volo internazionale	internationale vlucht [*ìnternaascioonaale vlö¢t*]
volo intercontinentale	intercontinentale vlucht [*ìnterkòntinèntaale vlö¢t*]
volo nazionale	nationale vlucht [*naascioonaale vlö¢t*]
volare	vliegen [*vli¢en*]
vuoto d'aria	luchtzak [*lö¢tzàk*]

aankomst =	arrivi
vertrek =	partenze

CHIEDERE INFORMAZIONI

Manca una valigia, cosa devo fare?	Ik mis een koffer, wat moet ik doen? [*ìk mìs en kòfer, vàt mut ìk dun?*]
C'è un servizio di autobus **per Amsterdam/ per l'aeroporto**?	Is er een busdienst **naar Amsterdam/ naar het vliegveld**? [*ìs èr en bösdinst naar àmsterdàm/ naar hèt vli¢vèlt?*]
Dove posso trovare un taxi?	Waar staan de taxi's? [*vaar staan de tàksis?*]
Dove posso noleggiare una macchina?	Waar kan ik een auto huren? [*vaar kàn ìk en autoo hüren?*]
Quanto tempo occorre per arrivare all'aeroporto?	Hoe lang duurt het om naar het vliegveld te komen? [*hu làŋ dürt hèt òm naar hèt vli¢vèlt te koomen?*]
Vorrei cambiare la mia prenotazione per il volo numero...	Ik wil graag mijn reservering veranderen voor vlucht nummer ... [*ìk vìl ¢raa¢ mèin reezèrveerìŋ verànderen voor vlö¢t nömer ...*]
Vorrei un posto non fumatori	Ik wil graag "niet rokers" [*ìk vìl ¢raa¢ nit rookers*]

Ha qualcosa contro il mal d'aria?	Heeft u iets tegen luchtziekte? [*heeft ü its teeç*^e*n* *l*^ö*çtʒikte?*]
Posso avere...?	Kan ik ... hebben? [*kàn ìk ... hèb*^e*n?*]

MACCHINA E BICI

Può essere utile sapere che:
In Olanda ci sono i seguenti tipi di strada: **A** = **autostrada**, *autosnelweg* (Le autostrade olandesi sono gratuite. Si paga invece per determinati ponti e tunnel) **E** = **autostrada europea,** *Europaweg* **N** = **strada statale,** *Nationale weg* **B** = **cosiddetta strada B,** *B-weg*, ovvero strada con limitazioni di transito, (ad es. di larghezza, peso ecc.) I cartelli arancioni con le scritte nere richiamano l'attenzione per determinate indicazioni, quali deviazione stradale, lavori in corso ecc. Vedere a tale proposito il paragrafo "segnaletica stradale" di questo capitolo.
In Olanda la bicicletta è molto usata e rispettata nella circolazione stradale. Quasi ovunque ci sono piste ciclabili con una propria segnaletica. Esistono per le bici anche degli itinerari speciali di varie lunghezze. Biciclette a noleggio si trovano presso le stazioni ferroviarie e presso i rivenditori di bici (chiedere informazioni alla **VVV** locale).

accelerare	snelheid opvoeren [*snèlhèit òpVur^{e}n*]
acceleratore	gaspedaal [*¢àsp^{e}daal*]
accendere	starten [*stàrt^{e}n*]
accensione	ontsteking [*òntsteekìŋ*]
accumulatore	accu [*àkü*]
acqua	water [*vaat^{e}r*]
ambulanza	ambulance [*àmbülàns^e*]
ammortizzatore	schokbreker [*s¢òkbreek^{e}r*]
anticongelante	antivries [*àntiVris*]
antifurto	alarminstallatie [*àlàrmìnstàlaatsi*]
aria	lucht [*l^ö¢t*]
asse	as [*às*]
assicurazione	verzekering [*V^{e}rẓeek^{e}rìŋ*]
automobile	auto [*autoo*]
autonoleggio	autoverhuur [*autooV^{e}rhür*]
autorimessa	garage [*¢aaraaj^e*]
autostrada	autosnelweg [*autoosnèlvè¢*]
autovettura	personenwagen [*p^{e}rsoon^{e}nvaa¢^{e}n*]
avviare	starten [*stàrt^{e}n*]
batteria (per macchina)	accu [*àkü*]
caricare la batteria	de accu opladen [d^e *àkü òplaad^{e}n*]
batteria scarica	lege accu [*lee¢^{e} àkü*]

baule	kofferruimte [*kòf^{e}röìmt^{e}*]
benzina	benzine [*bènẓin^{e}*]
bicicletta	fiets [*fits*]
bloccato	geblokkeerd [*¢^{e}blòkeert*]
cacciavite	schroevendraaier [*s¢ruv^{e}ndraai^{e}r*]
camera d'aria	binnenband [*bìn^{e}nbànt*]
camion	vrachtauto [*vrà¢tautoo*]
campanello	bel [*bèl*]
camper	camper [*kèmp^{e}r*]
candele	bougie [*buji*]
candela sporca	vuile bougie [*vöìl^{e} buji*]
candeletta	gloeibougie [*¢luibuji*]
carburante	brandstof [*bràntstòf*]
carburatore	carburator [*kàrbüraatòr*]
carrozzeria	carrosserie [*kàròs^{e}ri*]
carroattrezzi	takelwagen [*taak^{e}lvaa¢^{e}n*]
carta stradale	wegenkaart [*vee¢^{e}nkaart*]
carta verde	groene kaart [*¢run^{e} kaart*]
catena della bicicletta	fietsketting [*fitskètìŋ*]
chiave inglese	Engelse sleutel [*èŋ^{e}ls^{e} slöt^{e}l*]
ciclista	fietser [*fits^{e}r*]
cilindro	cylinder [*silìnd^{e}r*]
cintura di sicurezza	veiligheidsgordel [*vèilì¢hèits¢òrd^{e}l*]
circolazione stradale	wegverkeer [*vègv^{e}rkeer*]
circonvallazione	rondweg [*ròntvè¢*]
clacson	clacson [*klàksòn*]
consumare	verbruiken [*v^{e}rbröìk^{e}n*]
contachilometri	kilometerteller [*kiloomeet^{e}rtèl^{e}r*]
contravvenzione	bekeuring [*b^{e}köriŋ*]
corsia	rijbaan [*rèibaan*]
corto circuito	kortsluiting [*kòrtslöìtìŋ*]
cric	krik [*krìk*]
cruscotto	dashboard [*dèscbòrt*]
curva	bocht [*bò¢t*]
deviazione	omleiding [*òmlèidìŋ*]
destra	rechts [*rè¢ts*]
diritto	rechtdoor [*rè¢tdoor*]
dinamo	dynamo [*dinaamoo*]
distributore	benzinepomp [*bènẓin^{e}pòmp*]
divieto di fermata	stopverbod [*stòpv^{e}rbòt*]
divieto di sorpasso	inhalen verboden [*ìnhaal^{e}n v^{e}rbood^{e}n*]
divieto di sosta	parkeerverbod [*pàrkeerv^{e}rbòt*]
documenti	papieren [*pàpir^{e}n*]
fari	koplampen [*kòplàmp^{e}n*]
fanalino d'arresto/stop	stoplicht [*stòplì¢t*]
fari abbaglianti	groot licht [*¢root lì¢t*]
fari anabbaglianti	dimlicht [*dìmlì¢t*]
luci di posizione	stadslicht [*stàtslì¢t*]
faro antinebbia	mistlamp [*mìstlàmp*]

fermare	stoppen [*stòp^{e}n*]
filtro dell'aria	luchtfilter [*l^ö¢tfilt^{e}r*]
filtro dell'olio	oliefilter [*oolifilt^{e}r*]
finestrino	raampje [*raampi^e*]
freccia	richtingaanwijzer [*rì¢tìηaanvèiʒ^{e}r*]
frenare	remmen [*rèm^{e}n*]
freno	rem [*rèm*]
freno a disco	schijfrem [*s¢èifrèm*]
freno a mano	handrem [*hàntrèm*]
freno a pedale (per bicicletta)	terugtraprem [*t^{e}r^ö¢tràprèm*]
freno a tamburo	trommelrem [*tròm^{e}lrèm*]
frizione	koppeling [*kòp^{e}lìη*]
furgone	bestelwagen [*b^{e}stèlvaa¢^{e}n*]
ganasce	remblokken [*rèmblòk^{e}n*]
gas	gas [*¢às*]
gomma	band [*bànt*]
guardrail	vangrail [*vàηreel*]
guarnizione	pakking [*pàkìη*]
guasto	kapot (agg.) [*kaapòt*] / pech (sost.) [*pè¢*]
guidare	rijden [*rèid^{e}n*]
imbuto	trechter [*trè¢t^{e}r*]
impianto elettrico	electrische bedrading [*eelèktris¢^{e} b^{e}draadìη*]
incidente stradale	auto-ongeluk [*autoo òn¢^{e}l^{ö}k*]
incrocio	kruising [*kröìsìη*]
investire	aanrijden [*aanrèid^{e}n*]
lavare	wassen [*vàs^{e}n*]
lavaggio	het wassen [*hèt vàs^{e}n*]
lampadina	lampje [*làmpi^e*]
lampeggiare	met het licht knipperen [*mèt hèt lì¢t knìp^{e}r^{e}n*]
leva del cambio	pook [*pook*]
libretto di circolazione	kentekenbewijs [*kènteek^{e}nb^{e}vèis*]
limite di velocità	snelheidslimiet [*snèlhèitslimit*]
lubrificare	smeren [*smeer^{e}n*]
luce anteriore (bici)	voorlicht [*voorlì¢t*]
luce posteriore (bici)	achterlicht [*à¢t^{e}rlì¢t*]
lunotto	achterruit [*à¢t^{e}röìt*]
macchina	auto [*autoo*]
maniglia	deurknop [*dörknòp*]
manubrio	stuur [*stür*]
marcia, 1a, 2a …	eerste, tweede … versnelling [*eerst^e, tveed^e … v^{e}rsnèlìη*]
in folle	in z'n vrij [*ìn ʒ^{e}n vrèi*]
retromarcia	achteruit [*à¢t^{e}röìt*]
marciapiede	trottoir [*tròtvaar*]
marmitta	geluiddemper [*¢^{e}löìtdèmp^{e}r*]

meccanico	monteur [*mòntör*]
modulo per la constatazione amichevole di incidente automobilistico	Europees schadeformulier [*öroopees s¢aad^{e}fòrmülir*]
motore	motor [*moot^{e}r*]
moto	motor [*moot^{e}r*]
motorino	brommer [*bròm^{e}r*]
motorino di avviamento	startmotor [*stàrtmoot^{e}r*]
multa	bekeuring [*b^{e}körìŋ*], boete [*but^{e}*]
noleggio bici	fietsenverhuur [*fits^{e}nV^{e}rhür*]
officina	garage [*¢aaraaj^{e}*]
olio	olie [*ooli*]
parabrezza	voorruit [*Vooröìt*]
parafango	spatbord [*spàtbòrt*]
paraurti	bumper [*b^{ö}mp^{e}r*]
parcheggiare	parkeren [*pàrkeer^{e}n*]
parcheggio	parkeerplaats [*pàrkeerplaats*], parking [*pàrkìŋ*]
parcheggio libero	vrij parkeren [*Vrèi pàrkeer^{e}n*]
parcheggio a pagamento	betaald parkeren [*b^{e}taalt pàrkeer^{e}n*]
passaggio a livello	spoorwegovergang [*spoorvè¢ooV^{e}r¢àŋ*]
patente di guida	rijbewijs [*rèib^{e}vèis*]
pedaggio	tol [*tòl*]
pedale	pedaal [*p^{e}daal*]
pedone	voetganger [*Vut¢àŋ^{e}r*]
pericolo	gevaar [*¢^{e}Vaar*]
pezzo di ricambio	onderdeel [*ònd^{e}rdeel*]
pianta della città	stadsplattegrond [*stàtsplàt^{e}¢rònt*]
pista ciclabile	fietspad [*fitspàt*]
pneumatico	autoband [*autoobànt*]
pompa	pomp [*pòmp*]
pompa dell'acqua	waterpomp [*vaat^{e}rpòmp*]
pompa della benzina, del gasolio	brandstofpomp [*bràntstòfpòmp*]
pompa dell'olio	oliepomp [*oolipòmp*]
pompa per bicicletta	fietspomp [*fitspòmp*]
ponte	brug [*br^{ö}¢*]
ponte levatoio	ophaalbrug [*òphaalbr^{ö}¢*]
portiera	portier [*pòrtir*]
posteggiare	parkeren [*pàrkeer^{e}n*]
posteggio	parkeerplaats [*pàrkeerplaats*]
precedenza	voorrang [*Vooràŋ*]
pressione delle gomme	bandenspanning [*bànd^{e}nspànìŋ*]
pulire	schoonmaken [*s¢oonmaak^{e}n*]
radiatore	radiator [*raadiaat^{e}r*]
rallentare	langzamer rijden [*làŋzaam^{e}r rèid^{e}n*]
regolare	afstellen [*àfstèl^{e}n*]

rimorchiare	slepen [*sleepen*]
rimorchio	aanhangwagen [*aanhàηvaa¢en*]
riparazione	reparatie [*reepaaraatsi*]
roulotte	caravan [*kèrevèn*]
ruota	wiel [*vil*]
ruote anteriori	voorwielen [*voorvilen*]
ruote posteriori	achterwielen [*à¢tervilen*]
sedili anteriori	voorstoelen [*voorstulen*]
sedili posteriori	achterbank [*à¢terbànk*]
seggiolino per bambino	kinderzitje [*kìnderƶìtie*]
sellino	zadel [*ƶaadel*]
semaforo	stoplicht [*stòplì¢t*]
semaforo lampeggiante	knipperlicht [*knìperlì¢t*]
senso unico	eenrichtingsverkeer [*eenrì¢tìηsverkeer*]
serbatoio	tank [*tènk*]
sinistra	links [*lìnks*]
sorpassare	inhalen [*ìnhaalen*]
sosta vietata	parkeren verboden [*pàrkeeren verbooden*]
sostituire	vervangen [*vervàηen*]
sottopassaggio	tunnel [*tönel*]
sottopassaggio pedonale	voetgangerstunnel [*vut¢àηerstönel*]
spartitraffico	middenberm [*mìdenbèrm*] (autostrada)/ vluchtheuvel [*vlö¢thövel*] (città)
specchietto retrovisore	achteruitkijkspiegel [*à¢teröìtkèikspi¢el*]
sterzo	stuurinrichting [*stürìnrì¢tìη*]
strada	straat/ weg [*straat, vè¢*]
striscie pedonali	zebrapad [*ƶeebraapàt*]
svoltare	afslaan [*àfslaan*]
superstrada	autoweg [*autoovè¢*]
surriscaldato	oververhit [*ooververhìt*]
tamponamento	botsing van achteren [*bòtsìη vàn à¢teren*]
targa	nummerplaat [*nömerplaat*]
telaio	chassis [*sciaasi*]
tergicristallo	ruitenwisser [*röìtenvìser*]
termostato	thermostaat [*tèrmoostaat*]
torcia	zaklamp [*ƶàklàmp*]
traffico	verkeer [*verkeer*]
triangolo	driehoek [*drihuk*]
tubo di scappamento	uitlaat [*öìtlaat*]
uscita (dall'autostrada)	uit [*öìt*]
uscita per ...	afslag voor ... [*àfslà¢ voor ...*]
valvola	klep [*klèp*] (auto) / ventiel [*vèntil*] (bici)]
veicolo	voertuig [*vurtöì¢*]
velocità	snelheid [*snèlhèit*]
velocità massima	maximum snelheid [*màksimöm snèlhèit*]
via	weg [*vè¢*], straat [*straat*]
viale	laan [*laan*]
viadotto	viaduct [*viaadökt*]

vigile	politieagent [*poolitsiaa¢ènt*]
vigile addetto al traffico	verkeersagent [*v^{e}rkeersaa¢ènt*]
vite	schroef [*s¢ruf*]
volante	stuur [*stür*]

CHIEDERE LA STRADA

Qual è la strada per ...?	Kunt u mij de weg wijzen naar ....? [*k^{ö}nt ü mèi d^e vè¢ vèiẓ^{e}n naar...*?]
È questa la strada per...?	Is dit de weg naar ...? [*ìs dìt d^e vè¢ naar...*?]
Devo andare...	Moet ik ... [*mut ìk* ...]
a destra?	naar rechts? [*naar rè¢ts*?]
a sinistra?	naar links? [*naar lìnks?*]
sempre diritto?	steeds rechtdoor? [*steets rè¢tdoor*?]
indietro?	terug? [*t^{e}r^ö¢*?]
Ha una carta automobilistica?	Heeft u een wegenkaart? [*heeft ü een vee¢^{e}nkaart*?]
Ha una cartina per gli itinerari in bici?	Heeft u een fietsroutekaart? [*heeft ü een fitsrut^{e}kaart*?]
Può indicarmelo sulla carta, per favore?	Kunt u mij dit op de kaart aanwijzen, alstublieft? [*könt ü mèi dìt òp d^e kaart aanvèiẓ^{e}n, àlstüblift*?]
Quale uscita devo prendere?	Welke afslag moet ik nemen? [*vèlk^e àfslà¢ mut ìk neem^{e}n*?]

NOLEGGIO

Dove posso noleggiare una **macchina**/una **bicicletta**?	Waar kan ik een **auto**/een **fiets** huren? [*vaar kan ìk ^{e}n autoo/^{e}n fits hür^{e}n*?]
... per mezza giornata	... voor een halve dag [*...voor ^{e}n hàlv^e dà¢*]
... per un giorno	... voor een dag [*...voor ^{e}n dà¢*]
... per una settimana	... voor een week [*...voor ^{e}n veek*]
Vorrei una macchina di categoria...	Ik wil graag een auto, categorie... [*ìk vìl ¢raa¢ ^{e}n autoo, kàt^e¢oori...*]
Vorrei una bicicletta da corsa	Ik wil graag een racefiets [*ìk vìl ¢raa¢ ^{e}n reesfits*]
Non vorrei una bicicletta con freni a pedale...	Ik wil geen fiets met een terugtraprem [*ìk vìl ¢een fits mèt ^{e}n t^{e}r^ö¢tràprèm*]
Vorrei una bicicletta più bassa	Ik wil graag een lagere fiets [*ìk vìl ¢raa¢ ^{e}n laa¢^{e}r^e fits*]
Quanto costa?	Hoeveel kost het? [*huveel kòst^{e}t*?]
Devo pagare una cauzione?	Moet ik een borgsom betalen [*mut ìk ^{e}n bòr¢sòm b^{e}taal^{e}n*?]

PARCHEGGIO

> Può essere utile sapere che:
>
> Sullo scontrino che ritirerete al parchimetro è scritto quanto segue:
>
> | | |
> |---|---|
> | *Parkeertijd eindigt* = | orario di scadenza del parcheggio |
> | *Betaald* = | pagato |
> | *Week* = | settimana |
> | *Dag* = | giorno |
> | *Tijd* = | ora |
>
> *Plaats deze zijde van het kaartje goed leesbaar achter uw voorruit* = Esporre questo lato dello scontrino ben visibile all'interno del parabrezza.

Dove posso parcheggiare la macchina?	Waar kan ik mijn auto parkeren? [*vaar kàn ìk mèin autoo pàrkeer^{e}n?*]
Posso parcheggiare qui?	Mag ik hier parkeren? [*mà¢ ìk hir pàrkeer^{e}n?*]
C'è nelle vicinanze un garage dove parcheggiare la macchina?	Is er hier een parkeergarage in de buurt? [*ìs èr hir ^{e}n pàrkeer¢aaraaj^e ìn d^e bürt?*]
Quanto costa il posteggio per **una notte/fino a ...**?	Hoeveel kost de parking **per nacht/tot** ...? [*huveel kòst d^e pàrkìŋ pèr nà¢t/tòt...?*]
Il parcheggio è custodito?	Is de parking bewaakt? [*ìs d^e pàrkìŋ b^{e}vaakt?*]
Mi può far vedere come funziona la macchina per il pagamento del parcheggio?	Kunt u mij laten zien hoe de parkeerautomaat werkt? [*k^{ö}nt ü mèi* laat^e*n ƶin hu d^e pàrkeerautoomaat vèrkt?*]
C'è un'area custodita per biciclette?	Is er een bewaakte fietsenstalling? [*is èr ^{e}n b^{e}vaakt^e fits^{e}nstàlìŋ?*]

AL DISTRIBUTORE

> Può essere utile sapere che:
>
> La maggior parte dei distributori olandesi prevede che l'automobilista si serva da sé (*zelfbediening*). Vi indichiamo comunque qui di seguito alcune frasi che potrebbero esservi utili.

Dov'è il distributore più vicino?	Waar is de dichtstbijzijnde benzinepomp? [*vaar ìs d^e dì¢tsbèiʐèind^e bènʐin^{e}pòmp?*]
Quanto costa **la benzina/il gasolio** al litro?	Hoeveel kost een liter **benzine/diesel**? [*huveel kòst een lit^{e}r bènʐin^e/diʐ^{e}l?*]
Il pieno, per favore	Vol, graag [*vòl ¢raa¢*]
Vorrei ... litri di **benzina/gasolio**	Ik wil graag ... liter **benzine/diesel** [*ìk vìl ¢raa¢ ... lit^{e}r bènʐine/diʐ^{e}l*]
Vorrei benzina senza piombo	Ik wil graag loodvrije benzine [*ìk vìl ¢raa¢ lootvrèi^e bènʐin^e*]
Può controllare l'olio e l'acqua?	Kunt u het water en de olie controleren? [*k^{ö}nt ü hèt vaat^{e}r èn d^e ooli kòntrooleer^{e}n?*]
Può misurare la pressione delle gomme?	Kunt u de bandenspanning meten? [*k^{ö}nt ü d^e bànd^{e}nspànìŋ meet^{e}n?*]
Mi può pulire il parabrezza, per favore	Kunt u de voorruit wassen, alstublieft [*k^{ö}nt ü d^e vooröìt vàs^{e}n, àlstüblift*]

GUASTO/INCIDENTE STRADALE

Può essere utile sapere che:

Il numero olandese di emergenza generale (paragonabile al 113 italiano) è: 06-11 ed è gratuito, come tutti i numeri che iniziano con 06.

Per il soccorso stradale esiste la *Wegenwacht* (*WW*), che gira sulle autostrade in macchine gialle (tel. 06-0888). Lungo tutte le autostrade e lungo alcune strade provinciali ci sono appositi apparecchi da dove chiamare la *Wegenwacht*. Schiacciare il bottone, attendere 5 secondi e poi dire "Non parlo olandese, ho la macchina guasta, può venire?: "ik spreek geen Nederlands, heb autopech, kunt u komen?" [*ìk spreek ¢een need^{e}rlànts, hèp autoopè¢, k^{ö}nt ü koom^{e}n?*]. Ripetere alcune volte. La *WW* sa da dove chiamate.

Ho avuto **un incidente**/ ho **un guasto**	Ik heb een **ongeluk** gehad/ik heb **autopech** [*ìk hèp ^{e}n òn¢^{e}l^{ö}k ¢^{e}hàt/ìk hèp autoopè¢*]
Ci sono feriti	Er zijn gewonden [*èr ʐèin ¢^{e}vònd^{e}n*]

Faccia venire un medico/un'ambulanza	Haal een dokter/ bel een ambulance [*haal ᵉn dòktᵉr/ bèl ᵉn ambülànsᵉ*]
Chiami la polizia	Bel de politie [*bèl dᵉ poolitsi*]
Dove posso telefonare?	Waar kan ik bellen? [*vaar kàn ìk bèlᵉn?*]
Mi aiuti, per favore	Help mij, alstublieft [*hèlp mèi, àlstüblift*]
Ho bisogno di far rimorchiare l'auto	Mijn auto moet gesleept worden [*mèin autoo mut ¢ᵉsleept vòrdᵉn*]
Mi dia il suo nome e indirizzo, per favore	Mag ik uw naam en adres, alstublieft [*mà¢ ìk üu naam èn àdrès, àlstüblift*]
Qual è la sua assicurazione?	Waar bent u verzekerd? [*vaar bènt ü vᵉrzeekᵉrt?*]
Ecco i miei documenti di assicurazione	Hier zijn mijn verzekeringspapieren [*hir zèin mèin vᵉrzeekᵉrìŋs pàpirᵉn*]
Ho il modulo per la constatazione amichevole. Ce l'ha anche lei?	Ik heb het Europees schadeformulier. Hebt u dat ook? [*ìk hèp hèt öroopees s¢aadᵉfòrmülir, hèpt ü dàt ook?*]
Può farmi da testimone?	Kunt u voor mij getuigen? [*köntü voor mèi ¢ᵉtöì¢ᵉn?*]
Dov'è un'officina di riparazioni?	Waar kan ik mijn auto laten repareren? [*vaar kàn ìk mèin autoo laatᵉn reepaareerᵉn?*]
Quanto tempo occorre per riparare la macchina?	Hoe lang duurt de reparatie? [*hu làŋ dürt dᵉ reepaaraatsi?*]
Ha i pezzi di ricambio originali per...	Heeft u de originele onderdelen voor...? [*heeft ü dᵉ oorijineelᵉ òndᵉrdeelᵉn voor...?*]
La batteria è scarica	De accu is leeg [*dᵉ àkü ìs lee¢*]
I freni non sono a posto	De remmen werken niet goed [*dᵉ rèmᵉn vèrkᵉn nit ¢ut*]
Può cambiare ..., per favore?	Kunt u de ... verwisselen? [*könt ü dᵉ ... vᵉrvìsᵉlᵉn?*]
Quanto viene a costare?	Hoeveel kost dat? [*huveel kòst dàt?*]
Ho forato la gomma, me la può sistemare?	Ik heb een lekke band, kunt u die maken? [*ìk hèp ᵉn lèkᵉ bànt, könt ü di maakᵉn?*]

Alle andere richtingen	Tutte le altre direzioni
Alleen voor **fietsers/voetgangers**	Solo per **bici/pedoni**
Andere richtingen	Altre direzioni
Bebouwde kom	Centro abitato
Behalve (brom)fietsers	Ad eccezione di (motorini) bici
Beperkte doorrijhoogte	Altezza limitata
Bouwverkeer	Automezzi in manovra
Denk aan onze kinderen	Attenzione ai nostri figli (cartello stradale che invita alla guida prudente)
Doorgaand verkeer	Tutte le direzioni
Drempel	Dosso artificiale sulla carreggiate per limitare la velocità delle auto
Eenrichtingsverkeer	Senso unico
Eigen weg	Strada privata
Einde inhaalverbod	Fine divieto di sorpasso
Fietspad	Pista ciclabile
Filevorming	Formazione di code
Gevaar!	Pericolo!
Gevaarlijke bocht	Curva pericolosa
Gestremd verkeer	Strada chiusa al traffico
Inhaalverbod	Divieto di sorpasso
Inrijden verboden	Vietato entrare con la macchina
Inrit vrijlaten	Lasciare libero il passaggio
Invoegend wegverkeer	Veicoli in manovra
Knooppunt	Svincolo
Laden/ lossen	Carico/ scarico
Langzaam rijden	Rallentare
Let op de teller!	Attenzione al limite di velocità!
Loodvrije benzine	Benzina senza piombo
Motor af	Spegnere il motore
Omleiding Volg...	Deviazione seguire ... (segue numero)
Ontsteek uw lichten	Accendere le luci
Opgelet!	Attenzione
Plattegrond (oppure stadsplan)	Pianta della città (con freccia, che indica dove trovare un cartellone con la pianta della città)

Rijwielpad	Pista ciclabile
Slecht wegdek	Strada dissestata
Stoplichten na 100 meter	Semafori a 100 metri
Tegenliggers	Traffico in controsenso
Uit	Uscita dall'autostrada
Uitrit vrijlaten	Lasciare libero il passaggio
Vaart minderen spaart kinderen	Velocità moderata, una vita di un bambino salvata (cartello stradale che invita alla guida prudente)
Verboden te parkeren	Divieto di parcheggio
Verboden hier fietsen te plaatsen	Vietato mettere qui le bici
Verkeer over een rijbaan	Traffico su una sola corsia
Voetgangers	Pedoni
Vol/Vrij	Completo/ Posti liberi (parcheggio)
Wegomlegging Volg ...	Deviazione seguire ... (segue numero)
Woonerf	Zona residenziale con precedenza assoluta per i pedoni e velocità limitata per i veicoli
Zachte berm	Banchina non transitabile

TRENO

> Può essere utile sapere che:
>
> Il treno olandese è un mezzo di trasporto efficiente, ma anche estremamente caro. Ci sono, tuttavia, varie agevolazioni per giovani, famiglie, gruppi ecc. Informazioni al riguardo vengono date presso le stazioni ferroviarie e il VVV locale. Di recente introduzione sono i *treintaxi's*, ("treno-taxi") che si trovano in parecchie città olandesi (non in quelle grandi come Amsterdam, Rotterdam, Utrecht e L'Aia) e che vi portano per pochi euro a qualunque indirizzo in città (e talvolta anche nei paesini confinanti). I biglietti per questi *treintaxi's* possono essere acquistati presso gli sportelli delle ferrovie dietro presentazione del biglietto ferroviario.

agenzia viaggi	reisbureau [*rèisbüroo*]
arrivo	aankomst [*aankòmst*]
bagagli	bagage [*baa¢aaj*^{e}]
deposito bagali	bagagedepot [*baa¢aaj*^{e}*deepoo*]
armadietto per i bagagli	bagagekluis [*baa¢aaj*^{e}*klöìs*]
biglietto	kaartje [*kaarti*^{e}]
biglietto d'andata	heenreis [*heenrèis*]
biglietto d'andata e ritorno	retour [*r*^{e}*tur*]
biglietto a tariffa ridotta	kaartje met reductie [*kaarti*^{e} *mèt r*^{e}*d*^{ö}*ksi*]
biglietto per gruppi da due a sei persone	Meer Man's kaart [*meer màns kaart*]
biglietteria	kaartverkoop [*kaartv*^{e}*rkoop*]
binario	perron [*pèròn*] / spoor [*spoor*]
binari	rails [*reels*]
cambiare	overstappen [*oov*^{e}*rstàp*^{e}*n*]
cambiare treno	overstappen [*oov*^{e}*rstàp*^{e}*n*]
cambiare vettura	van rijtuig veranderen [*vàn rèitöì¢ v*^{e}*rànd*^{e}*r*^{e}*n*]
capo stazione	stationschef [*staasciònscèf*]
carrozza	rijtuig [*rèitöì¢*]
carta d'argento	60 + kaart [*zèst*^{e}*¢ pl*^{ö}*s kaart*]
coincidenza	aansluiting [*aanslöìtìŋ*]
controllore	controleur [*kòntroolör*]
cuccetta	couchette [*kuscèt*]
facchino	kruier [*kröì*^{e}*r*]
fermata	halte [*hàlt*^{e}]
ferrovia	spoorweg [*spoorvè¢*]

locomotiva	locomotief [*lookoomootif*]
orario ferroviario	spoorboekje [*spoorbuki*^{e}]
in orario	op tijd [*òp tèit*]
in ritardo	overtijd [*ooʋ*^{e}*rtèit*]
partenza	vertrek [*ʋ*^{e}*rtrèk*]
posto	plaats [*plaats*]
posto riservato	gereserveerde plaats [*¢*^{e}*reeʒèrʋeerd*^{e} *plaats*]
prenotazione	reservering [*reeʒèrʋeeriŋ*]
prezzo	prijs [*prèis*]
prezzo ridotto	gereduceerde prijs [*¢*^{e}*reedüseerd*^{e} *prèis*]
rotaia	rail [*reel*]
sala d'aspetto	wachtkamer [*và¢tkaam*^{e}*r*]
salire	instappen [*ìnstàp*^{e}*n*]
scendere	uitstappen [*öìtstàp*^{e}*n*]
scompartimento	coupé [*kupee*]
sottopassaggio	voetgangerstunnel [*ʋut¢àŋ*^{e}*rstön*^{e}*l*]
sportello	loket [*lookèt*]
stazione	station [*staascion*]
supplemento	toeslag [*tuslà¢*]
treno	trein [*trèin*]
diretto	intercity [*ìnt*^{e}*rsìti*]
locale	stoptrein [*stòptrèin*]
Eurocity	eurocity [*öroosìti*]
merci	goederentrein [*¢ud*^{e}*r*^{e}*ntrèin*]
ufficio cambio	wisselkantoor [*vìs*^{e}*lkàntoor*]
ufficio informazioni	inlichtingen [*ìnlĩ¢tìŋ*^{e}*n*]
uscita	uitgang [*öìt¢àŋ*]
vagone	wagon [*vaa¢òn*]
vagone letto	slaapwagen [*slaapvaa¢*^{e}*n*]
vagone ristorante	restauratiewagen [*rèstooraatsivaa¢*^{e}*n*]
validità	geldigheid [*¢èld*^{e}*¢hèit*]
valigia	koffer [*kòf*^{e}*r*]
vettura	wagon [*và¢òn*]
viaggio in treno	treinreis [*trèinrèis*]
viaggiare per ferrovia	met de trein reizen [*mèt d*^{e} *trèin rèiʒ*^{e}*n*]

aankomsttijden =	treni in arrivo
vertrektijden =	treni in partenza
naar de perrons =	ai treni
inlichtingen =	informazioni
wisselkantoor =	ufficio cambio
ingang =	entrata
uitgang =	uscita

CHIEDERE INFORMAZIONI

Dov'è la stazione (centrale)?	Waar is het (Centraal) Station? [*vaar ìs hèt (sèntraal) staasciòn*?]
Dov'è **l'ufficio informazioni/un'agenzia viaggi**?	Waar is **de inlichtingendienst/een reisbureau**? [*vaar ìs d^e ìnlì¢tìŋ^{e}ndinst/^{e}n rèisbüroo*?]
Da quale binario parte il treno per...?	Op welk spoor vertrekt de trein naar ...? [*òp vèlk spoor v^{e}rtrèkt d^e trèin naar* ...?].
Quando parte **il primo treno/ l'ultimo treno** per...?	Hoe laat vertrekt **de eerste trein/ de laatste trein** naar ...? [*hu laat v^{e}rtrèkt d^e laatst^e trèin naar* ...?]
È questo il treno per...?	Is dit de trein naar ...? [*ìs dìt d^e trèin naar* ...?]
Il treno si ferma a...?	Stopt de trein in ...? [*stòpt d^e trèin ìn* ...?]
Quando arriva a...?	Hoe laat komt de trein aan in ...? [*hu laat kòmt de trèin aan ìn* ...?]
C'è la coincidenza per...?	Is er een aansluiting naar ...? [*ìs èr ^{e}n aanslöìtiŋ naar* ...?]
Devo cambiare treno?	Moet ik overstappen? [*mut ìk oov^{e}rstàp^{e}n*?]
Dove posso noleggiare una bici?	Waar kan ik een fiets huren? [*vaar kàn ìk ^{e}n fits hür^{e}n*?]
Dove trovo un taxi?	Waar staan de taxi's? [*vaar staan d^e tàksis*?]
Ci sono "treno-taxì"?	Zijn er hier treintaxi's? [*ƶèin èr hir trèintàksis*?]
Dove posso prendere un autobus che porta in centro?	Waar kan ik een bus naar het centrum nemen? [*vaar kàn ìk ^{e}n b^{ö}s naar hèt sèntr^{ö}m neem^{e}n*?]
Vorrei avere un opuscolo con le informazioni sulle tariffe speciali e le varie formule-viaggi	Ik wil graag een brochure met informatie over speciale tarieven en attraktiekaarten [*ìk vìl ¢raa¢ ^{e}n bròsciüre mèt ìnfòrmaatsi oov^{e}r speesciaal^e taariv^{e}n èn àtràksikaart^{e}n*]

BIGLIETTERIA

Dov'è la biglietteria?	Waar zijn de loketten? [*vaar ƶèin d^e lookèt^{e}n*?]

Un biglietto di sola andata in 2ª classe per...	Een enkele reis tweede klas naar ... [*een ènk*ᵉ*l*ᵉ *rèis tveed*ᵉ *klàs naar...*]
Fino a quando è valido il biglietto?	Tot hoe lang is het kaartje geldig? [*hu laŋ ìs hèt kaarti*ᵉ *¢èld*ᵉ*¢?*]
Quanto costa un biglietto per...?	Hoeveel kost een kaartje naar ...? [*huveel kòst* ᵉ*n kaarti*ᵉ *naar ...?*]
Vorrei prenotare un posto sul treno per ...	Ik wil graag een plaats reserveren voor de trein naar ... [*ìk vìl ¢raa¢ een plaats reeȥèrveer*ᵉ*n voor d*ᵉ *trèin naar ...*]

BAGAGLI

Dov'è il deposito bagagli/ dove sono gli armadietti per il bagaglio?	Waar is het bagagedepot/ waar zijn de bagagekluizen? [*vaar ìs hèt baa¢aaj*ᵉ*deepoo/ vaar ȥèin d*ᵉ *baa¢aaj*ᵉ*klöìȥ*ᵉ*n?*]
Ecco lo scontrino, vorrei ritirare i miei bagagli	Hier is het bonnetje, ik wil graag m'n bagage [*hir ìs hèt bòn*ᵉ*ti*ᵉ*, ìk vìl ¢raa¢ mèin baa¢aaj*ᵉ]
Per favore può portare questi bagagli al...	Kunt u de bagage naar ... brengen? [*k*ᵒ*nt ü d*ᵉ *baa¢aaj*ᵉ *naar ... brèŋ*ᵉ*n?*]

NEL TRENO

È libero questo posto?	Is deze plaats vrij? [*ìs deeȥ*ᵉ *plaats vrèi?*]
No, è occupato	Nee, die is bezet [*nee, di ìs b*ᵉ*ȥèt*]
A che ora si arriva a...?	Hoe laat komt de trein aan in ...? [*hu laat kòmt d*ᵉ *trèin aan ìn ...?*]
Posso **aprire/chiudere**/il finestrino?	Mag ik het raam **open/dicht** doen? [*mà¢ ìk hèt raam oop*ᵉ*n/dì¢t dun?*]
Dove siamo adesso?	Waar zijn we nu? [*vaar sèin v*ᵉ *nü?*]
Siamo **in orario/in ritardo**?	Zijn we **op tijd/te laat**? [*ȥèin v*ᵉ *òp tèit/ t*ᵉ *laat?*]

NAVE

Può essere utile sapere che:

Il *watertoerisme,* il turismo sull'acqua, è sempre più diffuso sui canali e sui laghi olandesi. Si possono, infatti, noleggiare vari tipi di barche a vela o a motore, cabinate e non. Per informazioni rivolgersi ai VVV locali.

ancora	anker [*ànk^er*]
banchina di porto	kade [*kaad^e*]
bandiera	vlag [*vlà¢*]
barca	boot [*boot*]
barca a motore	motorboot [*moot^erboot*]
barca a motore **con/senza** cabina	motorboot **met/zonder** slaapaccomodatie [*moot^erboot mèt/ʐònd^er slaapàkoomoodaatsi*]
barca a remi	roeiboot [*ruiboot*]
barca a vela	zeilboot [*ʐèilboot*]
barca a vela cabinata	kajuitzeilboot [*kàiöìtʐèilboot*]
battello	boot [*boot*]
a bordo	aan boord [*aan boort*]
cabina	kajuit [*kàiöìt*]
canale	kanaal [*kànaal*]
casa galleggiante	woonboot [*voonboot*]
catamarano	catamaran [*kaataamaaràn*]
chiatta	platte schuit [*plàt^e s¢öìt*]
chiusa	sluis [*slöìs*]
comandante	kapitein [*kàpitèin*]
compagnia di navigazione	scheepvaartmaatschappij [*s¢eepvaartmaats¢àpèi*]
costa	kust [*k^öst*]
crociera	cruise [*krus*]
diga	dijk [*dèik*]
equipaggio	bemanning [*b^emànìŋ*]
faro	vuurtoren [*vürtoor^en*]
fiume	rivier [*rivir*]
frangiflutti	golfbreker [*¢òlfbreek^er*]
imbarco	inscheping [*ìns¢eepìŋ*]
imbarcarsi	aan boord gaan [*aan boort ¢aan*]
isola	eiland [*èilànt*]

mal di mare	zeeziekte [*ʒeeʒikt*^{e}]
mare	zee [*ʒee*]
mare calmo	kalme zee [*kàlm*^{e} *ʒee*]
mare agitato	woeste zee [*vust*^{e} *ʒee*]
in alto mare	in open zee [*ìn oop*^{e}*n ʒee*]
marea	getij [*¢*^{e}*tèi*]
alta marea	vloed [^{v}*lut*]
bassa marea	eb [*èp*]
marinaio	matroos [*màtroos*]
molo	pier [*pir*]
motoscafo	speedboot [*spitboot*]
nave	schip [*s¢ìp*]
nave passeggeri	passagiersschip [*pàsaajirs¢ìp*]
nave mercantile	vrachtschip [^{v}*ràçts¢ìp*]
navigazione	scheepvaart [*s¢eep*^{v}*aart*]
navigare	varen [^{v}*aar*^{e}*n*]
oceano	oceaan [*ooseeaan*]
onda	golf [*¢òlf*]
ormeggiare	aanleggen [*aanlè¢*^{e}*n*]
partenza	vertrek [^{v}^{e}*rtrèk*]
passeggero	passagier [*pàsaajir*]
pesca	visserij [^{v}*ìs*^{e}*rèi*] (settore industriale)
	visvangst [^{v}*ìs*^{v}*àŋst*]
pescatore	visser [^{v}*ìs*^{e}*r*]
pescare	vissen [^{v}*ìs*^{e}*n*]
peschereccio	vissersboot [^{v}*ìs*^{e}*rsboot*]
polizia portuale	havenpolitie [*haa*^{v}^{e}*npoolitsi*]
ponte	brug [*br*^{ö}*¢*]
ponte levatoio	ophaalbrug [*òphaalbr*^{ö}*¢*]
ponte di comando	dek [*dèk*]
ponte di passeggio	brug [*br*^{ö}*¢*]
pontile	aanlegsteiger [*aanlè¢stèi¢*^{e}*r*]
poppa	achtersteven [*à¢t*^{e}*rstee*^{v}^{e}*n*]
porto	haven [*haa*^{v}^{e}*n*]
profondità	diepte [*dipt*^{e}]
prua	voorsteven [^{v}*oorstee*^{v}^{e}*n*]
rimorchiatore	sleepboot [*sleepboot*]
rimorchiare	slepen [*sleep*^{e}*n*]
riva	oever [*u*^{v}^{e}*r*]
rotta	route [*rut*^{e}]
salvagente	reddingsboei [*rèdìŋsbui*]
sbarco	ontscheping [*òntsçeepìŋ*]
sbarcare	van boord gaan [^{v}*àn boort ¢aan*]
scialuppa di salvataggio	reddingssloep [*rèdìŋslup*]
stiva	ruim [*röìm*]
timone	roer [*rur*]

timoniere	stuurman [*stürmàn*]
traghetto	veerboot [*Veerboot*]
transatlantico	oceaanschip [*ooseeaans¢ìp*]
traversata	overtocht [*ooV^{e}rtò¢t*]
vela	zeil [*ƶèil*]
viaggio per mare	zeereis [*ƶeerèis*]
yacht	jacht [*ià¢t*]

CHIEDERE INFORMAZIONI

Quando/da dove parte il traghetto per...?	**Wanneer/waar** vertrekt de veerboot naar ...? [*vàneer/vaar V^{e}rtrèkt d^{e} boot naar ...?*]
Quanto tempo dura la traversata da ... a...?	Hoe lang duurt de overtocht van ... naar ...? [*hu làŋ dürt d^{e} ooV^{e}rtò¢t Vàn ... naar ...?*]
Vorremmo fare un giro in battello sui canali	Wij willen graag een rondvaart op de grachten maken [*vèi vìl^{e}n ¢raa¢ ^{e}n ròntVaart òp d^{e} ¢rà¢t^{e}n maak^{e}n*]
È possibile fare un giro in barca nel porto?	Kun je een rondvaart door de haven maken? [*kùn i^{e} ^{e}n ròntVaart door d^{e} haaV^{e}n maak^{e}n?*]
Quanto dura il giro?	Hoe lang duurt de rondvaart? [*hu làŋ dürt d^{e} ròntVaart?*]
Quanto costa il biglietto?	Hoeveel kost een kaartje? [*huVeel kòst ^{e}n kaarti^{e}?*]
La guida parla anche italiano?	Spreekt de gids ook Italiaans? [*spreekt d^{e} ¢ìts ook itaaliaans?*]
Dove posso noleggiare una **barca a motore/barca a vela/barca a remi**?	Waar kan ik een **motorboot/zeilboot/roeiboot** huren? [*vaar kàn ìk ^{e}n moot^{e}rboot/ƶèilboot/ruiboot hür^{e}n?*]

VII UFFICI

BANCA E AFFARI

CAMBIO E VALUTA

assegno	chèque [*scèk*]
assegno bancario	betaalchèque [*b^{e}taalscèk*]
assegno internazionale	internationale chèque [*ìnt^{e}rnaascioonaal^{e} scèk*]
assegno postale	postchèque [*pòst scèk*]
traveller's chèque	traveller's chèque, reischèque [*trèv^{e}l^{e}rscèk, rèis scèk*]
libretto d'assegni	chèqueboekje [*scèk buki^{e}*]
banca	bank [*bànk*]
banconota	bankbiljet [*bànkbìlièt*]
bonifico	overschrijving [*oov^{e}rs¢rèivìŋ*]
cambio	koers [*kurs*]
cambiare	wisselen [*vìs^{e}l^{e}n*]
carta di credito	creditcard [*krèdìtkàrt*]
cassetta di sicurezza	safe [*seef*]
contanti	contant geld [*kòntànt ¢èlt*]
pagare in contanti	contant betalen [*kòntànt b^{e}taal^{e}n*]
conto	rekening [*reek^{e}nìŋ*]
conto corrente bancario	bankrekening [*bànkreek^{e}nìŋ*]
conto di risparmio	spaarrekening [*spaareek^{e}nìŋ*]
denaro	geld [*¢èlt*]
depositare	op de bank zetten [*òp d^{e} bànk z̧èt^{e}n*]
divise	deviezen [*d^{e}viz̧^{e}n*]
documento di riconoscimento	identiteitsbewijs [*idèntitèitsb^{e}vèis*]
firma	handtekening [*hànteek^{e}nìŋ*]
incassare	innen [*ìn^{e}n*]
IVA	BTW [*bee tee vee*]
importo	bedrag [*b^{e}drà¢*]
lettera di credito	kredietbrief [*kreeditbrif*]
moneta	munt [*m^{ö}nt*]
modulo	formulier [*fòrmülir*]
pagamento	betaling [*b^{e}taalìŋ*]
pagare	betalen [*b^{e}taal^{e}n*]
prelievo	geldopname [*¢èltòpnaam^{e}*]

provvigione	provisie [*proo*<u>*vi*</u>*ți*]
ricevuta	kwitantie [*kvi*<u>*tàn*</u>*tsi*]
rimborsare	vergoeden [*v*^{e}*r*<u>*¢u*</u>*d*^{e}*n*]
riscuotere	innen [<u>*ì*</u>*n*^{e}*n*]
spiccioli	kleingeld [<u>*klèin*</u>*¢èlt*]
sportello	loket [*loo*<u>*kèt*</u>] / balie [<u>*baa*</u>*li*]
tasso d'interesse	rentevoet [<u>*rènt*</u>^{e}*vut*]
vaglia postale	postwissel [<u>*pòst*</u>*vìs*^{e}*l*]
valuta estera	buitenlandse valuta [*b*<u>*öìt*</u>^{e}*nlànts*^{e} *vaa*<u>*lü*</u>*taa*]
versamento	storting [<u>*stòr*</u>*tìη*]
versare	storten [<u>*stòrt*</u>^{e}*n*]

La moneta corrente in Olanda è l'euro. I due simboli scelti per le monete olandesi raffigurano il volto della regina Beatrice. Le monete da 1 e 2 euro riportano il profilo della regina Beatrice con accanto l'iscrizione "Beatrice, regina d'Olanda". Inoltre, vicino al bordo, ci sono le dodici stelle dell'Unione europea disposte in forma semicircolare. La moneta da 2 euro reca incisa sul bordo l'iscrizione "GOD ZIJ MET ONS" (Dio sia con noi). Le monete da 1, 2, 5, 10, 20 e 50 centesimi riportano il profilo della regina Beatrice con l'iscrizione "Beatrice regina d'Olanda" disposta circolarmente in prossimità del bordo delle monete.

C'è un **ufficio di cambio**/una **banca** qui vicino?	Is hier een **wisselkantoor/bank** in de buurt? [*ìs hir* ^{e}*n* <u>*vìs*</u>^{e}*lkànt*<u>*oor*</u>*/bànk ìn d*^{e} *bürt*?]
Vorrei incassare un traveller's chèque	Ik wil graag een travellers's chèque innen [*ìk vìl ¢raa¢* ^{e}*n* <u>*trè*</u>*v*^{e}*l*^{e}*r scèk* <u>*ì*</u>*n*^{e}*n*]
Qual è il cambio del giorno?	Wat is de dagkoers? [*vàt ìs d*^{e} <u>*dà¢*</u>*kurs*?]
Può scriverlo qui?	Kunt u het hier opschrijven? [*k*^{ö}*nt ü hèt hir òp*<u>*s¢rèi*</u>*v*^{e}*n*?]

A che ora **apre/chiude** la banca?	Hoe laat **gaat** de bank **open/dicht**? [*hu laat ¢aat d*^{e} *bànk oop*^{e}*n/dì¢t*?]
Vorrei versare questo importo sul conto n. ...	Ik wil graag dit bedrag op rekening nr. ... storten [*ìk vìl ¢raa¢ dìt b*^{e}*drà¢ òp reek*^{e}*nìŋ n*^{ö}*m*^{e}*r ...stòrt*^{e}*n*]
Sono rimasto senza soldi. Può contattare la mia banca in Italia per farmi trasferire del denaro?	Ik zit zonder geld. Kunt u zich met mijn bank in Italië in verbinding stellen om mij geld over te laten maken? [*ìk ƶìt ƶònd*^{e}*r ¢èlt. k*^{ö}*nt ü ƶì¢ mèt mèin bànk ìn itaali*^{e} *ìn v*^{e}*rbìndìŋ stèl*^{e}*n òm mèi ¢èlt oov*^{e}*r t*^{e} *laat*^{e}*n maak*^{e}*n*?]

TERMINOLOGIA COMMERCIALE

accordo	akkoord [*aakoort*]
fare un accordo	een akkoord sluiten [^{e}*n aakoort slöìt*^{e}*n*]
accreditare	overmaken [*oov*^{e}*rmaak*^{e}*n*]
acquisto	aankoop [*aankoop*]
acquistare	kopen [*koop*^{e}*n*]
affare	zaak [*ƶaak*]
concludere un affare	een zaak beklinken [^{e}*n ƶaak b*^{e}*klìnk*^{e}*n*]
agente	agent [*aa¢ènt*]
amministrazione	administratie [*àtministraatsi*]
amministratore delegato	gevolmachtigd directeur [*¢*^{e}*vòlmà¢tì¢t dirèktör*]
Consiglio di Amministrazione	Raad van Beheer [*raat vàn b*^{e}*heer*]
articolo	artikel [*àrtik*^{e}*l*]
assicurazione	verzekering [*v*^{e}*rƶeek*^{e}*rìŋ*]
assicuraore	verzekeringsagent [*v*^{e}*rƶeek*^{e}*rìŋsaa¢ènt*]
assortimento	assortiment [*àsòrtimènt*]
aumento dei prezzi	prijsverhoging [*prèisv*^{e}*rhoo¢ìŋ*]
azione	aandeel [*aandeel*]
azionista	aandeelhouder [*aandeelhaud*^{e}*r*]
bilancio	begroting [*b*^{e}*¢rootìŋ*]
Borsa	Beurs [*börs*]
brevetto	octrooi [*òktrooi*]
camera di commercio	kamer van koophandel [*kaam*^{e}*r vàn koophànd*^{e}*l*]
campione	monster [*mònst*^{e}*r*]
campione senza valore	monster zonder waarde [*mònst*^{e}*r ƶònd*^{e}*r vaard*^{e}]
capitale	kapitaal [*kàpitaal*]
carico	vracht [*vrà¢t*]
catalogo	catalogus [*kaataalo¢*^{ö}*s*]
certificato d'origine	certificaat van oorsprong [*sèrtifikaat vàn oorspròŋ*]

cliente	klant [*klànt*]
clientela	klanten [*klànt^{e}n*]
collega	collega [*kooleeȼaa*]
collezione	collectie [*koolèksi*]
commercio	handel [*hànd^{e}l*]
commerciante	handelaar [*hànd^{e}laar*]
commercializzazione	op de markt brengen [*òp d^e màrkt brèŋ^{e}n*]
commercio all'ingrosso/ al minuto	groothandel/kleinhandel [*ȼroothànd^{e}l/ klèinhànd^{e}l*]
commercio estero	buitenlandse handel [*böìt^{e}nlànts^e hànd^{e}l*]
commissione	commissie [*kòmìsi*]
Comunità Europea	Europese Gemeenschap [*öroopees^e ȼ^{e}meensȼàp*]
consegna	levering [*leev^{e}rìŋ*]
consegnare	leveren [*leev^{e}r^{e}n*]
contabile	boekhouder [*bukhaud^{e}r*]
conto	rekening [*reek^{e}nìŋ*]
contratto	kontrakt [*kòntràkt*]
firmare un contratto	een kontrakt ondertekenen [*^{e}n kòntràkt ònd^{e}rteek^{e}n^{e}n*]
copia	copie [*koopi*], expemplaar [*èksèmplaar*]
corrispondenza	correspondentie [*kòrèspòndèntsi*]
costo	prijs [*prèis*]
credito	krediet [*kreedit*]
creditore	schuldeiser [*sȼ^{ö}ltèis^{e}r*]
lettera di credito	kredietbrief [*kreeditbrif*]
debito	schuld [*sȼ^{ö}lt*]
debitore	debiteur [*deebitör*]
addebitare	in rekening brengen [*ìn reek^{e}nìŋ brèŋ^{e}n*]
denaro	geld [*ȼèlt*]
dépliant	brochure [*bròsciür^e*]
destinatario	ontvanger [*òntvàŋ^{e}r*]
direzione	directie [*dirèksi*]
direttore	directeur [*dirèktör*]
dirigente	manager [*mèn^{e}dj^{ö}r*]
diritto	recht [*rèȼt*]
diritti di autore	auteursrecht [*autörsrèȼt*]
disoccupazione	werkloosheid [*vèrklooshèit*]
ditta	firma [*firmaa*]
documento	dokument [*dookümènt*]
dogana	douane [*duaan^e*]
sdoganare	klaren [*klaar^{e}n*]
domanda	vraag [*vraaȼ*]
domanda e offerta	vraag en aanbod [*vraaȼ èn aanbòt*]
economia	economie [*eekoonoomi*]
entrate e uscite	inkomsten en uitgaven [*ìnkòmst^{e}n èn öìtȼaav^{e}n*]
esportazione	export [*èkspòrt*]
esportare	exporteren [*èkspòrteer^{e}n*]

licenza di esportazione	exportvergunning [èkspòrtv^{e}r¢^{ö}nìη]
fabbrica	fabriek [faabrik]
ex fabbrica	ex works [èks v^{ö}rks]
fallimento	faillissement [faais^{e}mènt]
fallire	failliet gaan [faait ¢aan]
fattura	factuur [fàktüreer^{e}n]
fiera	beurs [börs]
filiale	filiaal [filiaal]
firma	handteekening [hànteek^{e}nìη]
firmare	onderteekenen [ònd^{e}rteek^{e}n^{e}n]
fornitura	levering [leev^{e}rìη]
fornitore	leverancier [leev^{e}rànsir]
garanzia	garantie [¢aaràntsi]
garantire	garanderen [¢aaràndeer^{e}n]
imballaggio	verpakking [v^{e}rpàkìη]
imballare	verpakken [v^{e}rpàk^{e}n]
impiego	baan [baan]
impiegato	medewerker [meed^{e}vèrk^{e}r]
importazione	import [ìmpòrt]
importare	importeren [ìmpòrteer^{e}n]
importatore	importeur [ìmpòrtör]
licenza di importazione	importvergunning [ìmpòrtv^{e}r¢^{ö}nìη]
importo	bedrag [b^{e}drà¢]
imposta	belasting [b^{e}làstìη]
IVA	BTW [bee tee vee]
impresa	onderneming [ònd^{e}rneemìη]
incarico	opdracht [òpdrà¢t]
incaricare	opdracht geven [òpdrà¢t ¢eev^{e}n]
indennizzo	schadevergoeding [s¢aad^{e}v^{e}r¢udìη]
industria	industrie [ìndüstri]
informazione	informatie [ìnfòrmaatsi]
investimento	investering [ìnvèsteerìη]
investire	investeren [ìnvèsteer^{e}n]
lavoro	werk [vèrk]
lavorare	werken [vèrk^{e}n]
lettera	brief [brif]
lettera di credito	kredietbrief [kreeditbrif]
lettera di vettura	vrachtbrief [vrà¢tbrif]
licenziamento	ontslag [òntslà¢]
licenziare	onstlaan [òntslaan]
magazzino	magazijn [maa¢aazèin]
immagazzinare	opslaan [òpslaan]
mano d'opera	arbeidskrachten [àrbèitskrà¢t^{e}n]
mercato	markt [màrkt]
mercato del lavoro	arbeidsmarkt [àrbèitsmàrkt]
merce	goederen [¢ud^{e}r^{e}n]
mittente	afzender [àfzènd^{e}r]

offerta	offerte [*òfèrt^{e}*]
operaio	arbeider [*àrbèid^{e}r*]
opuscolo	brochure [*bròsciür^{e}*]
ordinazione	bestelling [*b^{e}stèlìŋ*]
ordinare	bestellen [*b^{e}stèl^{e}n*]
pagamento	betaling [*b^{e}taalìŋ*]
pagare	betalen [*b^{e}taal^{e}n*]
pagare in contanti	contant betalen [*kòntànt b^{e}taal^{e}n*]
pagamento a ... giorni	betaling binnen ... dagen [*b^{e}taalìŋ bìn^{e}n ... daa¢^{e}n*]
anticipo	voorschot [*voors¢òt*]
partita di merce	partij goederen [*pàrtèi ¢ud^{e}r^{e}n*]
percentuale	percentage [*pèrsèntaaj^{e}*]
perdita	verlies [*v^{e}rlis*]
personale	personeel [*pèrsooneel*]
polizza	polis [*poolìs*]
polizza di carico	cognossement [*kòñòs^{e}mènt*]
prestito	lening [*leenìŋ*]
preventivo delle spese	kostenraming [*kòst^{e}nraamìŋ*]
prezzo	prijs [*prèis*]
listino prezzi	prijslijst [*prèislèist*]
produzione	productie [*proodöksi*]
produttore	producent [*proodüsènt*]
prodotto	product [*proodökt*]
produrre	produceren [*proodüseer^{e}n*]
professione	beroep [*b^{e}rup*]
profitto	winst [*vìnst*]
proprietario	eigenaar [*èi¢^{e}naar*]
proprietà	eigendom [*èi¢^{e}ndòm*]
pubblicità	reclame [*r^{e}klaam^{e}*]
quietanza	kwitantie [*kvitàntsi*]
quota	aandeel [*aandeel*]
rappresentare	vertegenwoordiger [*v^{e}rtee¢^{e}nvoord^{e}¢^{e}r*]
rappresentare	vertgenwoordigen [*v^{e}rtee¢^{e}nvoord^{e}¢^{e}n*]
rata	termijn [*tèrmèin*]
pagare a rate	in termijnen betalen [*ìn tèrmèin^{e}n b^{e}taal^{e}n*]
reclamo	klacht [*klà¢t*]
riduzione	reductie [*reed^{ö}ksi*]
ricevuta	reçu [*r^{e}sü*]
richiesta	aanvraag [*aanvraa¢*]
riserva	voorraad [*vooraat*]
rivenditore	wederverkoper [*veed^{e}rv^{e}rkoop^{e}r*]
scadenza	vervaldag [*v^{e}rvàldà¢*]
scambio	uitwisseling [*öìtvìs^{e}lìŋ*]
sconto	korting [*kòrtìŋ*]
società	maatschappij [*maats¢àpèi*]
Società a Responsabilità Limitata (S.r.L.)	Besloten Vennootschap (BV) [*b^{e}sloot^{e}n vènoots¢àp (bee vee)*]

Società per Azioni (S.p.A.)	Naamloze Vennoootschap (N.V.) [*naamlooȥ^{e} vènootsȼàp (èn vee)*]
socio	aandeelhouder, vennoot [*aandeelhaud^{e}r, vènoot*]
spedizione	zending [*ȥèndìŋ*]
spedizioniere	expediteur [*èkspeeditör*]
spedire	verzenden [*v^{e}rȥènd^{e}n*]
spese	onkosten [*ònkòst^{e}n*]
stipendio	salaris [*saalaarìs*]
trasporto	transport [*trànspòrt*]
trasportare	trasporteren [*tràspòrteer^{e}n*]
trattativa	onderhandeling [*ònd^{e}rhànd^{e}lìŋ*]
valore	waarde [*vaard^{e}*]
vendita	verkoop [*vèrkoop*]
venditore	verkoper [*v^{e}rkoop^{e}r*]
vendere	verkopen [*v^{e}rkoop^{e}n*]

Sono il rappresentante della ditta X	Ik ben vertegenwoordiger van de firma… [*ìk bèn v^{e}rteeȼ^{e}nvoord^{e}ȼ^{e}r vàn d^{e} firmaa…*]
Ecco il mio biglietto da visita	Hier heeft u mijn visitekaartje [*hir heeft ü mèin viȥit^{e}kaarti^{e}*]
C'è qualcuno in ditta che parla italiano/inglese/…	Is er iemand in de firma die Italiaans/ Engels spreekt? [*ìs èr imànt ìn d^{e} firmaa di itaaliaans/èŋ^{e}ls spreekt?*]
Dove posso trovare un interprete che parla italiano?	Waar vind ik een tolk die Italiaans spreekt? [*vaar vìnt ìk ^{e}n tòlk di itaaliaans spreekt?*]
Posso avere un dépliant dei vostri prodotti e un listino prezzi?	Mag ik een brochure van uw produkten en een prijslijst? [*màȼ ìk ^{e}n bròsciür^{e} vàn üu prood^{ö}kt^{e}n èn ^{e}n prèislèist?*]
I prezzi sono al pubblico o al rivenditore?	Zijn dit prijzen voor de klant of voor de distribiteur? [*ȥèin dìt prèiȥ^{e}n voor d^{e} klànt òf voor d^{e} distribütör?*]
Posso avere un suo biglietto di visita?	Mag ik uw visitekaartje? [*màȼ ìk üu viȥit^{e}kaarti^{e}?*]
Avete già un rappresentante in Italia?	Heeft u al een vertegenwoordiger in Italië? [*heeft ü àl ^{e}n v^{e}rteeȼ^{e}nvoord^{e}ȼ^{e}r ìn itaali^{e}?*]
È possibile avere l'esclusiva per l'Italia?	Kan ik de alleenverkoop voor Italië krijgen? [*kàn ìk d^{e} aaleenvèrkoop voor itaali^{e} krèiȼ^{e}n?*]

POSTA, TELEGRAFO E TELEFONO

UFFICIO POSTALE

affrancatura	frankering [*frànkeerìη*]
affrancare	frankeren [*frànkeer^{e}n*]
assegno postale	postchèque [*pòst scèk*]
apparecchio telefonico	telefoontoestel [*teeleefoontustèl*]
buca delle lettere	brievenbus [*briv^{e}nb^{ö}s*]
imbucare una lettera	een brief posten [*^{e}n brif pòst^{e}n*]
busta	enveloppe [*ànv^{e}lòp*]
campioni senza valore	monsters zonder waarde [*mònst^{e}rs ʐònd^{e}r vaard^{e}*]
cartolina	ansichtkaart [*ànʐì¢tkaart*]
casella postale	postbus [*pòstb^{ö}s*]
codice postale	postcode [*pòstkood^{e}*]
corrispondenza	correspondentie [*kòrèspòndèntsi*]
comunicazione telefonica	telefoonverbinding [*teeleefoonv^{e}rbìndìη*]
destinazione	bestemming [*b^{e}stèmìη*]
destinatario	geadresseerde [*¢^{e}aadrèseerd^{e}*]
elenco telefonico	telefoongids [*teeleefoon¢ìts*]
fax	fax [*fàks*]
fermo posta	poste-restante [*pòst rèstànt*]
firma	handtekening [*hànteek^{e}nìη*]
firmare	ondertekenen [*ònd^{e}rteek^{e}n^{e}n*]
francobollo	postzegel [*pòstʐee¢^{e}l*]
distributore automatico di francobolli	postzegelautomaat [*pòstʐee¢^{e}lautoomaat*]
gettone telefonico	telefoonmunt [*teeleefoonm^{ö}nt*]
indirizzo	adres [*aadrès*]
lettera	brief [*brif*]
lettera aerea	luchtpostbrief [*l^{ö}¢tpòstbrif*]
lettera raccomandata (con avviso di ricevimento)	aangetekende brief (met ontvangstbewijs) [*aan¢eteek^{e}nd^{e} brif (mèt òntvàηstb^{e}vèis)*]
lettera assicurata	verzekerde brief [*v^{e}rʐeek^{e}rd^{e} brif*]
lettera espresso	expresbrief [*èksprès brif*]
linea telefonica	telefoonlijn [*teeleefoonlèin*]
libera	vrij [*vrèi*]
occupata	in gesprek [*ìn ¢^{e}sprèk*]
mandare	zenden [*ʐènd^{e}n*]

mittente	afzender [*àfȥènd^{e}r*]
modulo	formulier [*fòrmülir*]
numero telefonico	telefoonnummer [*teeleefoon^{ö}m^{e}r*]
pacco postale	postpakket [*pòstpàkèt*]
peso	gewicht [*¢^{e}vì¢t*]
pesare	wegen [*vee¢^{e}n*]
pagamento	betaling [*b^{e}taalìŋ*]
porto	port [*pòrt*]
posta	post [*pòst*]
postino	postbode [*pòstbood^{e}*]
prefisso	netnummer [*nètn^{ö}m^{e}r*]
prefisso internazionale	landnummer [*làntn^{ö}m^{e}r*]
recapito	tijdelijk adres [*tèid^{e}l^{e}k aadrès*]
respingere	terugzenden [*t^{e}r^{ö}¢ ȥènd^{e}n*]
ricevuta	reçu [*r^{e}sü*]
scheda magnetica	magnetische kaart [*mà¢neetis^{e} kaart*]
spedire	verzenden [*v^{e}rȥènd^{e}n*]
sportello	loket [*lookèt*]
stampe	drukwerk [*dr^{ö}kvèrk*]
tariffa	tarief [*taarif*]
telefono	telefoon [*teeleefoon*]
cabina telefonica	telefooncel [*teeleefoonsèl*]
telefonare	telefoneren, opbellen [*teeleefooneer^{e}n, òpbèl^{e}n*]
telefonata	telefoongesprek [*teeleefoon¢^{e}sprèk*]
telefonata urbana	lokaal gesprek [*lookaal ¢^{e}sprèk*]
telefonata interurbana	interlokaal gesprek [*ìntèrlookaal ¢^{e}sprèk*]
telefonata internazionale	internationaal gesprek [*ìnt^{e}rnaascioonaal ¢^{e}sprèk*]
telefonata intercontinentale	intercontinentaal gesprek [*ìnt^{e}rkòntinèntaal ¢^{e}sprèk*]
telefonata a carico del destinatario	collect call [*kòlèkt kòl*]
telegramma	telegram [*teelee¢ràm*]
telex	telex [*teelèks*]
ufficio postale	postkantoor [*pòstkàntoor*]
vaglia postale	postwissel [*pòstvìs^{e}l*]
valore	waarde [*vaard^{e}*]

Dov'è il più vicino ufficio postale? — Waar is het dichtstbijzijnde postkantoor? [*vaar ìs hèt dì¢tsbèiȥèind^{e} pòstkàntoor?*]

A quale sportello posso spedire un pacco?	Aan welk loket kan ik een pakje versturen? [*aan vèlk lokèt kàn ìk ^e^n pàki^e^ v^e^rstür^e^n?*]
Dove posso incassare un vaglia postale internazionale?	Waar kan ik een internationale postwissel innen? [*vaar kàn ìk ^e^n ìnt^e^rnaascioonaal^e^ pòstvìs^e^l ìn^e^n?*]
Che francobollo ci vuole per una lettera da spedire in Italia?	*Hoeveel moet er op een brief naar Italië? [huveel mut èr òp ^e^n brif naar itaali^e^?]*
C'è qualcosa per me fermo posta?	Is er iets voor mij bij de poste-restante? [*ìs èr its voor mèi bèi d^e^ pòst rèstànt?*]
Vorrei spedire questa lettera per espresso	Ik wil deze brief per expresse versturen [*ìk vìl deeze brif pèr èksprès v^e^rstür^e^n*]
Vorrei 5 francobolli da X centesimi	Ik wil graag 5 postzegels van X cent [*ìk vìl craac vèif pòstzeec^e^ls vàn X sènt*]

Sulle buche delle lettere si trovano le seguenti indicazioni:

stad	città
overige bestemmingen	altre destinazioni

Sugli sportelli sono indicate le seguenti parole:

postzegels	francobolli
pakjes	pacchi
postwissels	vaglia postali

TELEGRAFO E TELEFONO

Può essere utile sapere che:

Le cabine telefoniche olandesi non prevedono l'utilizzo di gettoni telefonici, ma funzionano a moneta oppure con la scheda magnetica.

Dov'è la cabina telefonica più vicina?	Waar is de dichtstbijzijnde telefooncel? [*vaar ìs d^e^ dìctsbèizèind^e^ teeleefoonsèl?*]
Avete un elenco telefonico di ...	Heeft u een telefoongids van ...? [*heeft ü ^e^n teeleefooncìts vàn...?*]
Per favore, mi può mettere in comunicazione con ...	Kunt u mij verbinden met ...? [*k^ö^nt ü mèi v^e^rbìnd^e^n mèt...?*]

Vorrei telefonare a carico del destinatario	Ik wil telefoneren op kosten van de ontvanger [*ìk vìl teeleefooneerᵉn òp kòstᵉn vàn dᵉ òntvàŋᵉr*]
Dove posso spedire un fax?	Waar kan ik een fax sturen? [*vaar kàn ìk ᵉn fàks stürᵉn*?]
Vorrei avere un modulo per telegrammi	Ik wil graag een telegramformulier [*ìk vìl ¢raac ᵉn teeleee¢ràmfòrmülir*]
In quanto tempo il telegramma arriva a Roma?	Hoe lang doet een telegram naar Rome erover? [*hu làŋ dut ᵉn teelee¢ràm naar roomᵉ èroovᵉr*?]
Quanto costa a parola?	Hoeveel kost het per woord? [*huveel kòstᵉt pèr voort*?]

AMBASCIATA, CONSOLATO E POLIZIA

ambasciata	ambassade [*àmbàsaad*^{e}]
arresto	arrestatie [*àrèstaatsi*]
arrestare	arresteren [*àrèsteer*^{e}*n*]
avvocato	advocaat [*àtvookaat*]
borseggiatore	zakkenroller [*ƶàk*^{e}*nròl*^{e}*r*]
carta d'identità	identiteitsbewijs [*idèntitèitsb*^{e}*vèis*]
commissariato di polizia	politiebureau [*poolitsibüroo*]
consolato	consulaat [*kònsülaat*]
console	consul [*kònsülaat*]
colpa	schuld [*s¢*^{ö}*lt*]
delinquente	misdadiger [*mìsdaad*^{e}*¢*^{e}*r*]
delitto	misdrijf [*mìsdrèif*]
denuncia	aangifte [*aan¢ìft*^{e}]
denunciare (qualcosa)	aangifte doen [*aan¢ìft*^{e} *dun*]
denunciare (qualcuno)	aangeven [*aan¢eeʋ*^{e}*n*]
certificato di denuncia	kennisgeving van aangifte [*kènìs¢eeʋìŋ ʋàn aan¢ìft*^{e}]
detenzione	hechtenis [*hè¢t*^{e}*nìs*]
detenzione preventiva	voorlopige hechtenis [*ʋoorloopì¢*^{e} *hè¢t*^{e}*nìs*]
delitto	misdrijf [*mìsdrèif*]
diritti	rechten [*rè¢t*^{e}*n*]
documenti	papieren [*pàpir*^{e}*n*]
furto	diefstal [*difstàl*]
furto con scasso	inbraak [*ìnbraak*]
giudice	rechter [*rè¢t*^{e}*r*]
incidente	ongeluk [*òn¢*^{e}*l*^{ö}*k*]
interprete	tolk [*tòlk*]
ladro	dief [*dif*]
modulo	formulier [*fòrmülir*]
passaporto	paspoort [*pàspoort*]
poliziotto	politieagent [*poolitsi aa¢ènt*]
polizia	politie [*poolitsi*]
prigione	gevangenis [*¢*^{e}*ʋàŋ*^{e}*nìs*]
rapina	overval [*ooʋ*^{e}*rʋàl*]]
rubare	stelen [*steelen*]
stuprare	verkrachten [*ʋèrkrà¢t*^{e}*n*]
sequestrare	in beslag nemen [*ìn b*^{e}*slà¢ neemen*]
smarrimento	verlies [*ʋèrlis*]
tribunale	rechtbank [*rè¢tbànk*]
violentare	aanranden [*aanrànd*^{e}*n*]

Dov'è **l'ambasciata italiana/il consolato italiano?**	Waar is de **Italiaanse ambassade/het Italiaanse consulaat?** [*vaar ìs de itaaliaans^e àmbàsaad^e/hèt itaaliaans^e kònsülaat?*]
Ho bisogno di avvertire **l'ambasciata italiana/il consolato italiano**	Ik moet **de Italiaanse ambassade/het Italiaanse consulaat** waarschuwen [*ìk mut d^e itaaliaans^e àmbàsaad^e/hèt itaaliaans^e kònsülaat vaarsȼüv^en*]
Ho perduto **i miei documenti/il portafoglio/i traveller's chèques**	**Ik heb mijn papieren/ portefeuille/ traveller's chèques** verloren [*ìk hèp mèin pàpiren/ mèin pòrteföì^e/ trèv^el^erscèk v^erloor^en*]
Dov'è il più vicino commissariato di polizia?	Waar is het dichtstbijzijnde politiebureau? [*vaar ìs hèt dìȼtsbèisèind^e poolitsibüroo?*]
Vorrei denunciare un furto. Mi hanno rubato **la macchina/i bagagli**	Ik wil aangifte doen van een diefstal. Ze hebben mijn **auto/bagage** gestolen [*ìk vìl aanȼìft^e dun vàn ^en difstàl. ʒ^e hèb^en mèin autoo/baaȼaaj^e ȼ^estool^en*]
Ho bisogno di un certificato di denuncia per la mia assicurazione	Ik heb een kennisgeving van aangifte voor mijn verzekering nodig [*ìk hèp ^en kènìsȼeevìŋ vàn aanȼìft^e voor mèin vèrʒeek^erìŋ nood^eȼ*]
Al ladro, al ladro!	Houd de dief! [*haut d^e dif!*]
Mi hanno scippato	Ik ben bestolen [*ìk bèn bestool^en*]
Ho bisogno di **un avvocato/un interprete** che parli italiano	Ik heb **een advokaat/een tolk** nodig, die Italiaans spreekt [*ìk hèp ^en àtvookaat/^en tòlk nood^eȼ di itaaliaans spreekt*]

gevonden voorwerpen = oggetti smarriti

ENTE TURISTICO

Può essere utile sapere che:
Ogni città ha un ufficio di informazioni turistiche, il VVV, contraddistinto da tre "V" bianche poste in un triangolo dal fondo blu.

C'è un ufficio turistico qui? Dov'è?

Is er hier een VVV? Waar?
[*ìs hir ᵉn veeveevee? vaar?*]

Mi può consigliare una buona guida turistica per l'Olanda?

Kunt u mij een goede reisgids voor Nederland aanbevelen?
[*könt ü mèi ᵉn ¢udᵉ rèis¢ìts voor needᵉrlànt aanbᵉveelᵉn?*]

Ha una pianta della città?

Heeft u een plattegrond van de stad?
[*heeft ü ᵉn plàtᵉ¢rònt vàn dᵉ stàt?*]

Rimarremo solo **un giorno/tre giorni**; può consigliarci i punti di maggiore interesse in questa città?

Wij blijven hier maar **een dag/drie dagen**, wat zijn de belangrijkste bezienswaardigheden van deze stad?
[*vèi blèivᵉn maar een dà¢/dri daa¢ᵉn; vàt ʒèin dᵉ bᵉlàŋrèikstᵉ bᵉʒinsvaardì¢heedᵉn vàn deeʒᵉ stàt?*]

Ci sono giri turistici guidati per la città?

Zijn er rondleidingen door de stad?
[*ʒèin èr ròntlèidìŋᵉn door dᵉ stàt?*]

La guida parla italiano?

Spreekt de gids Italiaans?
[*spreekt dᵉ ¢ìts itaaliaans?*]

Da dove partono i battelli che fanno il giro dei canali?

Waar vertrekken de rondvaartboten?
[*vaar vᵉrtrèkᵉn dᵉ ròntvaartbootᵉn?*]

In questi giorni ci sono **delle mostre/dei concerti** importanti?

Zijn er op het ogenblik belangrijke **tentoonstellingen/concerten**?
[*ʒèin èr òp hèt oo¢ᵉnblìk belàŋrèikᵉ tèntoonstèlìŋᵉn/ kònsèrtᵉn?*]

Dove si possono acquistare i biglietti per **questo spettacolo/ questo concerto**?

Waar zijn kaartjes verkrijgbaar voor **deze voorstelling/dit concert?**
[*vaar ʒèin kaartiᵉs vèrkrèi¢baar voor deeʒᵉ voorstèlìŋ/dìt kònsèrt?*]

Avete un elenco degli **alberghi/campeggi/ostelli della gioventù/ristoranti?**	Heeft u een lijst van **hotels/campings/jeugdherbergen/restaurants?** [*heeft ü ᵉn lèist vàn hootèls/kèmpìŋs/iöçthèrbèrçᵉn/rèstooràns*?]
Può consigliarmi un albergo economico?	Kunt u mij een goedkoop hotel aanbevelen? [*könt ü mèi ᵉn çutkoop hootèl aanbᵉveelᵉn*?]
Ha una cartina con percorsi speciali per la bicicletta?	Heeft u een fietsroutekaart? [*heeft ü ᵉn fitsrutᵉkaart*?]
Ha un dépliant in cui sono riportati i viaggi speciali in treno a prezzo ridotto?	Heeft u een brochure voor NS dagtoerisme tegen gereduceerde prijs? [*heeft ü ᵉn bròsciürᵉ voor èn-ès dàçturìsmᵉ*?]
Ci sono viaggi organizzati in pullman attraverso l'Olanda?	Zijn er georganiseerde busreizen door Nederland? [*ʑèin èr çeòrçaaniʑeerdᵉ bösrèiʑᵉn door needᵉrlànt*?]
Dove si possono noleggiare **bici/barche a vela/barche a motore**	Waar kun je **fietsen/zeilboten/motorboten** huren? [*vaar kön iᵉ fitsᵉn/ʑèilbootᵉn/mootᵉrbootᵉn hürᵉn*?]

ALBERGO E PENSIONE

appendiabiti	kleerhangers [*kleerhàŋ^{e}rs*]
armadio	kast [*kàst*]
ascensore	lift [*lìft*]
asciugamano	handdoek [*hànduk*]
atrio	hall [*hòl*]
bagaglio	bagage [*baa¢aaj^e*]
bagno	badkamer [*bàtkaam^{e}r*]
balcone	balkon [*bàlkòn*]
bar	bar [*bàr*]
biancheria	linnengoed [*lìn^{e}n¢ut*]
camera	kamer [*kaam^{e}r*]
camera con bagno	kamer met bad [*kaam^{e}r mèt bàt*]
camera matrimoniale	tweepersoonskamer [*tveep^{e}rsoonskaam^{e}r*]
camera singola	éénpersoonskamer [*eenp^{e}rsoonskaam^{e}r*]
cameriera	kamermeisje [*kaam^{e}rmeìsc^e*]
carta igienica	toiletpapier [*tvaalètpàpir*]
cena	avondeten [*aavònteet^{e}n*]
centralinista	telefonist(e) [*teeleefoonìst(^{e})*]
chiave	sleutel [*slöt^{e}l*]
comodino	nachtkastje [*nà¢tkàsti^e*]
conto	rekening [*reek^{e}nìŋ*]
coperta	deken [*deek^{e}n*]
corridoio	gang [*¢àŋ*]
cuscino	kussen [*k^{ö}s^{e}n*]
dépendance	dépendance [*deepàndàns^e*]
direzione	directie [*dirèksi*]
direttore	directeur [*dirèktör*]
doccia	douche [*dusc*]
dormire	slapen [*slaap^{e}n*]
federa	kussensloop [*k^{ö}s^{e}nsloop*]
finestra	raam [*raam*]
frigobar	bar [*bàr*]
interruttore	lichtschakelaar [*lì¢ts¢aak^{e}laar*]
lavandino	wastafel [*vàstaaf^{e}l*]
lavare	wassen [*vàs^{e}n*]
lenzuola	lakens [*laak^{e}ns*]
letto	bed [*bèt*]
lettino	kinderbedje [*kìnd^{e}rbèti^e*]

letto matrimoniale	tweepersoonsbed [tveep^{e}rsoonsbèt]
letto singolo	éénpersoonsbed [eenp^{e}rsoonsbèt]
luce	licht [li¢t]
maître d'hotel	maître d'hotel [mètr^{e} dootèl]
mancia	fooi [fooi]
materasso	matras [maatràs]
motel	motel [mootèl]
partenza	vertrek [v^{e}rtrèk]
pasto	maaltijd [maaltèit]
pensione	pension [pènsiòn]
mezza pensione	halfpension [hàlfpènsiòn]
pensione completa	volpension [vòlpènsiòn]
pernottamento	overnachting [oov^{e}rnà¢tìŋ]
piano	verdieping [v^{e}rdipìŋ]
pianterreno	begane grond [b^{e}¢aan^{e} ¢rònt], parterre [pàrtèr^{e}]
primo/secondo/terzo piano	eerste/tweede/derde verdieping [eerst^{e}/tveed^{e}/dèrd^{e} v^{e}rdipìŋ]
piscina	zwembad [ƶvèmbàt]
porta	deur [dör]
portiere	portier [pòrtir]
pranzo	lunch [l^{ö}nsc]
prenotare	reserveren [reeƶèrveer^{e}n]
presa di corrente	stopcontact [stòpkòntàkt]
prima colazione	ontbijt [ònbèit]
pulito	schoon [s¢oon]
radio	radio [raadioo]
reclamo	klacht [klà¢t]
ricezione	receptie [reesèpsi]
riscaldamento	verwarming [v^{e}rvàrmìŋ]
ristorante	restaurant [rèstooràn]
rubinetto	kraan [kraan]
sala da pranzo	eetzaal [eetƶaal]
sapone	zeep [ƶeep]
scala	trap [tràp]
serratura	slot [slòt]
servizio	service [s^{ö}rvìs]
spina	stekker [stèk^{e}r]
sporco	vuil [vöil]
stirare	strijken [strèik^{e}n]
sveglia	wekker [vèk^{e}r]
taxi	taxi [tàksi]
telefono	telefoon [teeleefoon]
televisione	televisie [teeleeviƶi]
terrazzo	terras [tèràs]
toilette	toilet [tvaalèt]

valigia	koffer [*kòf^e^r*]
vasca da bagno	badkuip [*bàtköìp*]
vista	uitzicht [*öìtẕìçt*]
voltaggio	voltage [*Vòltaaj^e^*]

INFORMAZIONI

Dov'è **l'albergo/la pensione** X?	Waar is **het hotel/het pension X**? [*vaar ìs hèt hootèl/hèt pènsiòn X*?]
Può raccomandarmi un buon albergo?	Kunt u mij een goed hotel aanbevelen? [*k^ö^nt ü mèi ^e^n ¢ut hootèl aanb^e^Veel^e^n*?]
Cerchiamo un albergo non troppo caro	Wij zoeken een niet al te duur hotel [*vèi ẕuk^e^n ^e^n nit àl t^e^ dür hootèl*]
Vorrei un albergo vicino al mare/in centro	Ik wil graag een hotel dichtbij zee/in het centrum [*ìk vìl ¢raa¢ ^e^n hootèl dì¢tbèi ẕee/ìn hèt sèntr^ö^m*]
Vorrei un albergo situato in una zona tranquilla	Ik wil graag een rustig gelegen hotel [*ìk vìl ¢raa¢ ^e^n r^ö^ste¢ ¢^e^lee¢^e^n hootèl*]
L'albergo ha un parcheggio privato?	Heeft het hotel een privé parking? [*heeft hèt hootèl ^e^n priVee pàrkiŋ*?]
La prima colazione è compresa nel prezzo?	Is het ontbijt in de prijs inbegrepen? [*ìs het ònbèit ìn d^e^ prèis ìnb^e^¢reep^e^n*?]
C'è una riduzione per bambini?	Is er een reductie voor kinderen? [*ìs èr ^e^n reed^ö^ksi Voor kìnd^e^r^e^n*?]
Sono ammessi gli animali?	Zijn dieren toegelaten? [*ẕèin dir^e^n tu¢^e^laat^e^n*?]

ALLA RICEZIONE

Vorrei una **camera singola/doppia** con bagno	Ik wil graag een **éénpersoonskamer/tweepersoonskamer** met bad [*ìk vìl ¢raa¢ ^e^n eenp^e^rsoonskaam^e^r/ tweep^e^rsoonskaam^e^r mèt bàt*]

Ho prenotato una stanza a nome di...	Ik heb een kamer op naam van ... gereserveerd [*ìk hèp ^{e}n kaam^{e}r òp naam vàn ...¢^{e}ree-ƶèrveert*]
Intendo rimanere per ... **giorni/... settimane**	Ik ben van plan om ... **dagen/... weken** te blijven [*ìk bèn vàn plàn òm ... daa¢^{e}n/... veek^{e}n t^{e} blèiv^{e}n*]
Dov'è la camera numero ...?	Waar is kamer nummer ...? [*vaar ìs kaam^{e}r n^{ö}m^{e}r...?*]
Per favore, la chiave della camera numero...	Mag ik de sleutel van kamer nummer ...? [*mà¢ ìk d^{e} slöt^{e}l vàn kaam^{e}r n^{ö}m^{e}r...?*]
Vorrei una camera **più grande/più tranquilla**	Ik wil graag een **grotere/rustigere** kamer [*ìk vìl ¢raa¢ ^{e}n ¢root^{e}r^{e}/r^{ö}st^{e}¢^{e}r^{e} kaam^{e}r*]
Non avete una camera con una vista migliore?	Heeft u geen kamer met een mooier uitzicht? [*heeft ü ¢een kaam^{e}r mèt ^{e}n mooi^{e}r öìt-ƶì¢t?*]
A che ora viene servita **la prima colazione/il pranzo/la cena**?	Hoe laat wordt **het ontbijt/de lunch/het avondeten** geserveerd? [*hu laat vòrt hèt ònbèit/d^{e} l^{ö}nsc/hèt aavònteet^{e}n ¢^{e}sèrveert?*]
Può metterlo in cassaforte?	Kunt u dit in de hotel-kluis deponeren? [*k^{ö}nt ü dìt ìn d^{e} hootèlklöìs deepoonee-r^{e}n?*]
Dove posso noleggiare un'auto?	Waar kan ik een auto huren? [*vaar kàn ìk ^{e}n autoo hür^{e}n?*]
Dove posso telefonare?	Waar kan ik telefoneren? [*vaar kàn ìk teeleefooneer^{e}n?*]
Dove posso cambiare denaro?	Waar kan ik geld wisselen? [*vaar kàn ìk ¢èlt vìs^{e}l^{e}n?*]
Mi svegli domani alle ..., per favore	Kunt u mij morgen om ... wekken, alstublieft? [*k^{ö}nt ü mèi mòr¢^{e}n òm ... vèk^{e}n, àlstü-blift?*]
C'è un **messaggio/posta** per me?	Is er een **boodschap/post** voor mij? [*ìs èr ^{e}n bootsçàp/pòst voor mèi?*]
Avete un servizio di **lavanderia/tintoria**?	Waar kan ik mijn kleren laten **wassen/stomen**? [*vaar kàn ìk mèin kleer^{e}n laat^{e}n vàs^{e}n/stoom^{e}n?*]

Dove vendono dei giornali italiani?	Waar kan ik Italiaanse kranten vinden? [*vaar kàn ìk itaaliaans^{e} kràntn^{e}n vìnd^{e}n?*]
Ha una carta della città e dei dintorni?	Heeft u een plattegrond van de stad en omgeving? [*heeft ü ^{e}n plàt^{e}¢rònt vàn d^{e} stàt èn òm¢eevìŋ?*]
Ha un orario ferroviario?	Heeft u een spoorboekje? [*heeft ü ^{e}n spoorbuki^{e}?*]
Parto domani mattina, mi può preparare il conto?	Ik vertrek morgenochtend, kunt u de rekening opmaken? [*ìk v^{e}rtrèk mòr¢^{e}nò¢t^{e}nt, k^{ö}nt ü d^{e} reek^{e}nìŋ òpmaak^{e}n?*]
Posso pagare con la carta di credito?	Kan ik met een creditcard betalen? [*kàn ìk mèt ^{e}n krèdìtkàrt b^{e}taal^{e}n?*]
Può chiamarmi un taxi?	Kunt u een taxi voor mij bestellen? [*k^{ö}nt ü ^{e}n tàksi voor mèi b^{e}stèl^{e}n?*]

IN CAMERA

Potrei avere ancora **una coperta/un cuscino/degli asciugamani puliti?**	Mag ik nog **een deken/een kussen/schone handdoeken** hebben? [*mà¢ ìk nò¢ ^{e}n deek^{e}n/^{e}n k^{ö}s^{e}n/s¢oon^{e} hànduk^{e}n hèb^{e}n?*]
Non funziona **il riscaldamento/la luce/la radio**	**De verwarming/het licht/de radio** doet het niet [*d^{e} v^{e}rvàrmìŋ/hèt lì¢t/d^{e} raadioo dut^{e}t nit*]
Non c'è acqua calda	Er is geen warm water [*èr ìs ¢een vàrm vaat^{e}r*]
Vorrei fare una telefonata, mi può passare il numero …	Kunt u mij met nummer … doorverbinden? [*k^{ö}nt ü mèi mèt n^{ö}m^{e}r… doorv^{e}rbìnd^{e}n?*]
È possibile avere la prima colazione in camera?	Kunt u het ontbijt op de kamer brengen? [*k^{ö}nt ü hèt ònbèit òp d^{e} kaam^{e}r brèŋ^{e}n?*]
Mi porti del **caffè**, una **spremuta di arancia, pane, burro, marmellata, miele, brioches**…	Kunt u mij **koffie, sinaasappelsap, brood, roomboter, jam, honing, zoete broodjes**… brengen? [*k^{ö}nt ü mèi kòfi, sinaaƶàp^{e}lsàp, broot, roomboot^{e}r, jèm, hoonìŋ, ƶut^{e} brooti^{e}s … brèŋ^{e}n?*]

(Per la prima colazione vedere anche il cap. RISTORAZIONE, pag. 84).

ALLOGGIO PRIVATO

abitazione	woning [*vooniŋ*]
abitare	wonen [*voon^{e}n*]
acqua	water [*vaat^{e}r*]
acqua calda	warm water [*vàrm vaat^{e}r*]
acqua fredda	koud water [*kaut vaat^{e}r*]
acqua potabile	drinkwater [*drìnkvaat^{e}r*]
affitto	huur [*hür*]
affittare	verhuren [*v^{e}rhür^{e}n*]
affittacamere	kamerverhuurder [*kaam^{e}rv^{e}rhürd^{e}r*]
prendere in affitto	huren [*hür^{e}n*]
appartamento	appartement [*àpàrt^{e}mènt*]/ flat [*flèt*]
armadio	kast [*kàst*]
arredamento	inrichting [*ìnrì¢tìŋ*]
aspirapolvere	stofzuiger [*stòfȥöì¢^{e}r*]
bagno	badkamer [*bàtkaam^{e}r*]
balcone	balkon [*bàlkòn*]
biancheria	linnengoed [*lìn^{e}n¢ut*]
bungalow	bungalow [*b^{ö}ngaaloou*]
camera da letto	slaapkamer [*slaapkaam^{e}r*]
camino	open haard [*oop^{e}n haart*]
campanello	bel [*bèl*]
cantina	kelder [*kèld^{e}r*]
chiave	sleutel [*slöt^{e}l*]
contratto	contract [*kòntràkt*]
firmare un contratto	een contract ondertekenen [*^{e}n kòntràkt ònd^{e}rteek^{e}n^{e}n*]
corrente elettrica	elektrische stroom [*eelèktris^e stroom*]
cucina	keuken [*kök^{e}n*]
cucina a gas	gasfornuis [*¢àsfòrnöìs*]
divano	bank [*bàŋk*]
donna delle pulizie	werkster [*vèrkst^{e}r*]
ferro da stiro	strijkijzer [*strèikèiȥ^{e}r*]
finestra	raam [*raam*]
frigorifero	ijskast [*èiskàst*]
inquilino	huurder [*hürd^{e}r*]
lampada	lamp [*làmp*]
lavandino	wastafel [*vàstaaf^{e}l*]
lavastoviglie	afwasmachine [*àfvàsmaascin^e*]
lavatrice	wasmachine [*vàsmaascin^e*]
letto	bed [*bèt*]
locatore	verhuurder [*v^{e}rhürd^{e}r*]

muro	muur [*mür*]
padella	braadpan [*braatpàn*]
pavimento	vloer [*vlur*]
pentola	pan [*pàn*]
poltrona	fauteuil [*footöì*]
porta	deur [*dör*]
porta di ingresso	voordeur [*voordör*]
riscaldamento	verwarming [*vᵉrvàrmìη*]
riscaldamento centralizzato	centrale verwarming [*sèntraalᵉ vᵉrvàrmìη*]
rubinetto	kraan [*kraan*]
sala	woonkamer [*voonkaamᵉr*]
sala da pranzo	eetkamer [*eetkaamᵉr*]
scala	trap [*tràp*]
scaldabagno (a gas)	geiser [*¢èiẓᵉr*]
scaldabagno elettrico	boiler [*bòilᵉr*]
sedia	stoel [*stul*]
serratura	slot [*slòt*]
soffitto	plafond [*plaafòn*]
soggiorno	woonkamer [*voonkaamᵉr*]
solaio	zolder [*ẓòldᵉr*]
specchio	spiegel [*spi¢ᵉl*]
stoviglie	vaatwerk [*vaatvèrk*]
stufa	kachel [*kà¢ᵉl*]
tappeto	vloerkleed [*vlurkleet*], tapijt [*taapèit*]
tappezzeria	behang [*bᵉhàη*]
tavolò	tafel [*taafᵉl*]
terrazzo	terras [*tèràs*]
tetto	dak [*dàk*]
trasloco	verhuizing [*vᵉrhöìẓìη*]
tubo/i dell'acqua	waterleiding [*vaatᵉrlèidìη*]
w.c.	w.c [*veesee*]

Dove posso affittare **una camera/un appartamento/una casa**?

Waar kan ik **een kamer/een appartement/een huisje** huren?
[*vaar kàn ìk ᵉn kaamᵉr/ᵉen àpàrtᵉmènt/ᵉn höìscᵉ hürᵉn?*]

Vorrei affittare **questa camera/questo appartamento/questa casa** per tre settimane

Ik wil graag **deze kamer/deze flat/dit huisje** voor drie weken huren
[*ìk vìl ¢raa¢ deeẓᵉ kaamᵉr/deeẓᵉ flèt/dìt höìscᵉ voor dri veekᵉn hürᵉn*]

Quanti locali ha?

Hoeveel kamers zijn er?
[*huveel kaamᵉrs ẓèin èr?*]

Quanto costa **alla settimana/al mese**?	Hoeveel kost dat **per week/per maand**? [*huveel kòst dàt pèr veek/pèr maant*?]
Le spese di riscaldamento sono comprese nel prezzo?	Zijn de verwarmingskosten in de prijs inbegrepen? [*zèin de vervàrmìŋskòsten ìn de prèis ìnbeçreepen*?]
Bisogna versare una **caparra/cauzione**?	Wordt er een **voorschot/borgsom** verlangd? [*vòrt èr en voorsçòt/bòrçsòm verlàŋt*?]
La casa è ammobiliata?	Is het huis gemeubileerd? [*ìs hèt höìs çemöbileert*?]

kamers vrij =	camere libere
te koop =	vendesi
te huur =	affittasi
all-in =	tutto compreso

CAMPEGGIO E OSTELLO DELLA GIOVENTÙ

amaca	hangmat [*hàŋmàt*]
apribottiglie	flesopener [*flèsoop^{e}n^{e}r*]
apriscatole	blikopener [*blìkoop^{e}n^{e}r*]
bombola del gas	butagasfles [*bütagàsflès*]
brandina	veldbed [*vèltbèt*]
camerata	slaapzaal [*slaapʒaal*]
cavatappi	kurketrekker [*k^{ö}rk^{e}trèk^{e}r*]
corda	touw [*tau*]
detersivo per bucato	wasmiddel [*vàsmìd^{e}l*]
detersivo per i piatti	afwasmiddel [*àfvàsmìd^{e}l*]
fornellino da campeggio	gasstel [*¢àstèl*]
insetticida	insekticide [*ìnsèktisid^{e}*]
lampada a gas	gaslamp [*¢àslàmp*]
lucchetto	hangslot [*hàŋslòt*]
martello	hamer [*haam^{e}r*]
materassino	luchtbed [*l^{ö}¢tbèt*]
mollette	wasknijpers [*vàsknèip^{e}rs*]
palo per tenda	tentstok [*tèntstòk*]
picchetti	haringen [*haarìŋ^{e}n*]
prodotto anti-zanzara	muggenolie [*m^{ö}¢^{e}nooli*]
roulotte	caravan [*kèr^{e}vèn*]
sacco a pelo	slaapzak [*slaapʒàk*]
secchio	emmer [*èm^{e}r*]
sedia pieghevole	vouwstoeltje [*vaustulti^{e}*]
tavolino da campeggio	kampeertafeltje [*kàmpeertaaf^{e}lti^{e}*]
temperino	zakmes [*ʒàkmès*]
tenda	tent [*tènt*]
tessera	lidmaatschapskaart [*lìtmaats¢àpskaart*]
thermos	thermosfles [*tèrmòsflès*]
torcia elettrica	zaklantaarn [*ʒàklàntaarn*]
zaino	rugzak [*r^{ö}¢ʒàk*]

C'è **un campeggio/un ostello** della gioventù nelle vicinanze?

Is er hier een **camping/jeugdherberg** in de buurt?
[*ìs èr hir ^{e}n kèmpìŋ/iö¢thèrbèr¢ ìn d^{e} bürt?*]

Possiamo piantare la tenda qui?	Kunnen wij hier onze tent opzetten? *[k^{ö}n^{e}n vèi hir ònƶ^{e} tènt òpƶèt^{e}n?]*
Qual è la tariffa giornaliera **per una tenda/un camper/una roulotte/per persona**?	Wat is het dagtarief voor **een tent/een camper/een caravan/per persoon**? *[vàt ìs hèt dà¢taarif Voor ^{e}n tènt/^{e}n kèmp^{e}r/^{e}n kèr^{e}Vèn/pèr p^{e}rsoon?]*
C'è ancora posto?	Is er nog plaats? *[ìs èr nò¢ plaats?]*
C'è ancora posto per **stanotte/domani/dopodomani**?	Is er nog plaats voor **vannacht/morgen/overmorgen**? *[ìs èr nò¢ plaats Voor vànà¢t/mòr¢^{e}n/ oov^{e}rmòr¢^{e}n?]*
Rimaniamo ... **giorni/... settimane**	Wij blijven ... **dagen/... weken** *[vèi blèiv^{e}n ...daa¢^{e}n/...veek^{e}n]*
A che ora chiude l'ostello alla sera?	Tot hoe laat blijft de jeugdherberg 's avonds open? *[tòt hu làŋ blèift d^{e} iö¢thèrbèr¢ saaVòns oop^{e}n?]*
Dov'è la più vicina fermata dell'autobus?	Waar is de dichtstbijzijnde bushalte? *[vaar ìs d^{e} dì¢tsbèiƶèind^{e} b^{ö}shàlt^{e}?]*
Si può accendere un fuoco qui?	Mag je hier een kampvuur maken? *[mà¢ i^{e} hir ^{e}n kàmpfür maak^{e}n?]*
Ci sono prese di corrente elettrica?	Zijn er hier stopcontacten? *[ƶèin èr hir stòpkòntàkt^{e}n?]*
Dove sono **i gabinetti/le docce**?	Waar zijn de **toiletten/de douches**? *[vaar ƶèin d^{e} tvaalèt^{e}n/d^{e} dusc^{e}s?]*
Il campeggio ha **un piccolo supermercato/una discoteca**?	Heeft de camping **een kampwinkel/een discotheek**? *[heeft d^{e} kèmpìŋ ^{e}n kàmpvìnk^{e}l/^{e}n dìskooteek?]*
Dove posso trovare materiale per campeggio?	Waar kan ik kampeermateriaal kopen? *[vaar kàn ìk kàmpeermaateeriaal koop^{e}n?]*
Può restituirmi la tessera?	Kan ik mijn lidmaatschapskaart terugkrijgen? *[kàn ìk mèin lìtmaats¢àpskaart t^{e}r^{ö}¢krèi¢^{e}n?]*
Vorrei noleggiare una bici	Ik wil graag een fiets huren *[ìk vìl ¢raa¢ ^{e}n fits hür^{e}n]*

Verboden hier te kamperen = divieto di campeggio

IX RISTORAZIONE

Può essere utile sapere che:

In Olanda si usa mangiare un solo pasto caldo, generalmente alla sera. A mezzogiorno l'olandese preferisce stare leggero mangiando un panino, un'insalata, uno yogurt, o anche il famoso *pannekoek* (specie di crêpe). Come in molti altri paesi nordici anche in Olanda si cena prestissimo, intorno alle 18.00. Attenzione quindi che nei ristoranti, soprattutto nelle città più piccole, la cucina chiude molto prima che in Italia.

TIPI DI LOCALI

bar	locale piuttosto sofisticato dove si bevono per lo più bevande superalcoliche
bistro	piccolo ristorante d'ispirazione francese non troppo caro
broodjeswinkel	paninoteca
café/kroeg	ritrovo simile al bar/all'osteria
cafetaria	una specie di tavola calda molto economica
eetcafé	trattoria caratteristica dove si possono fare uno spuntino o mangiare un pasto completo
friteskraam	chiosco dove si possono acquistare patatine fritte, würstel, ecc
haringkraampje	chiosco dove si vendono le aringhe da mangiare crude (osservate come vengono mangiate dagli olandesi!)
koffieshop	bar dove ci si può sedere prendendo bevande non alcoliche con dei dolci
pannekoekenhuisje	locale dove vengono servite crêpe dolci e salate
restaurant	ristorante
	NB Oltre ai ristoranti olandesi vi sono innumerevoli ristoranti stranieri, tra i quali spiccano quelli indonesiani e cinesi.

snackbar	bar/tavola calda
studentenmensa	mensa universitaria, aperta a tutti
wegrestaurant	autogrill

L'ORDINAZIONE

> Può essere utile sapere che:
>
> - In Olanda di solito con un pasto caldo non viene servito del pane, bisogna quindi richiederlo espressamente.
> - Nel prezzo del secondo piatto sono generalmente compresi verdure a scelta e patate o riso.
> - L'insalata spesso viene servita già condita con una salsa a base di maionese.

Può consigliarmi **un buon ristorante/un ristorante tipico/un ristorante economico/ un self service**?	Kunt u mij een **goed restaurant/een typisch Nederlands restaurant/een goedkoop restaurant/een self-service** aanbevelen? [*k^{ö}nt ü mèi ^{e}n ¢ut rèstooràn/^{e}n tipis need^{e}rlànts rèstooràn/^{e}n ¢utkoop rèstooràn/^{e}n sèlfs^{ö}rvìs aanb^{e}Veel^{e}n*?]
Buon giorno/buona sera. Un tavolo per due	**Goedemorgen/goedenavond**. Een tafel voor twee personen [*¢ud^{e}mòr¢ ^{e}n/¢ud^{e}naaVònt. ^{e}n taaf^{e}l Voor tvee p^{e}rsoon^{e}n*]
Vorrei prenotare un tavolo per …	Ik wil graag een tafel voor … personen reserveren [*ìk vìl ¢raa¢ ^{e}n taaf^{e}l Voor … p^{e}rsoon^{e}n reeżèrVeer^{e}n*]
È libero questo **tavolo/ posto**?	Is deze **tafel/plaats** vrij? [*ìs deeż^{e} taaf^{e}l/plaats Vrèì*?]
Vorrei un tavolo vicino alla finestra	Ik wil graag een tafel bij het raam [*ìk vìl ¢raa¢ ^{e}n taaf^{e}l bèi hèt raam*]
Possiamo cambiare tavolo, c'è corrente qui	Kunnen wij een andere tafel krijgen, het tocht hier namelijk [*k^{ö}n^{e}n vèi ^{e}n ànd^{e}r^{e} taaf^{e}l krèi¢^{e}n, hèt tò¢t hir naam^{e}l^{e}k*]
Cameriere/cameriera! Mi porti per favore il menu/la lista dei vini	**Ober/Juffrouw**! Mag ik de spijskaart/ wijnkaart? [*oob^{e}r/i^{ö}frau! mà¢ ìk d^{e} spèiskaart/ vèinkaart*?]

Vorrei **mangiare/bere** qualcosa	Ik wil graag iets **eten/drinken** [*ìk vìl ¢raa¢ its eet^{e}n/drìnk^{e}n*]
Mi può portare **un coltello/una forchetta/ un cucchiaio?**	Kunt u me **een mes/een vork/een lepel** brengen? [*k^{ö}nt ü m^{e} ^{e}n mès/^{e}n vòrk/^{e}n leep^{e}l brèŋ^{e}n?*]
Cosa offre il menu turistico?	Wat biedt het toeristenmenu? [*vàt bit hèt turìst^{e}nm^{e}nü?*]
Qual è il piatto del giorno?	Wat is de dagschotel? [*vàt ìs d^{e} dà¢s¢oot^{e}l?*]
Qual è la vostra specialità?	Wat is uw specialiteit? [*vàt ìs üu speesiaalitèit?*]
Vorremmo mangiare un piatto tipico	Wij willen graag een speciaal gerecht van deze streek eten [*vèi vìl^{e}n ¢raa¢ ^{e}n speesiaal ¢^{e}rè¢t vàn deeẓ^{e} streek eet^{e}n*]
Abbiamo fretta, per favore ci può servire subito?	Kunt u ons meteen bedienen, alstublieft? Wij hebben haast! [*k^{ö}nt ü òns m^{e}teen b^{e}dìn^{e}n, àlstüblift?*]
Possiamo ordinare?	Kunnen wij bestellen? [*k^{ö}n^{e}n vèi b^{e}stèl^{e}n?*]
Un attimo! Non abbiamo ancora scelto	Een moment! Wij hebben onze keuze nog niet gemaakt [*^{e}n moomènt! vèi hèb^{e}n ònẓ^{e} köẓ^{e} nò¢ nit ¢^{e}maakt*]
Ci porti ...?	Kunt u ons ... brengen? [*k^{ö}nt ü òns ... brèŋ^{e}n?*]
Vorrei la carne **al sangue/cotta al punto giusto/ben cotta**	Ik wil het vlees **rood/medium/ doorbakken** [*ìk vìl hèt vlees root/midi^{ö}m/doorbàk^{e}n*]
Avete del pesce fresco?	Heeft u verse vis? [*heeft ü vèrs^{e} vìs?*]
Vorrei del pesce **lesso/fritto/al vapore**	Ik wil graag **gekookte/gebakken/gepocheerde** vis [*ìk vìl ¢raa¢ ¢^{e}kookt^{e}/ ¢^{e}bàk^{e}n/¢^{e}pòsceerd^{e} vìs*]
Vorrei delle **patate arrosto/patate lesse/patatine fritte/crocchette di patate**	Ik wil graag **gebakken aardappelen/gekookte aardappelen/ frietjes/aardappelkroketten** [*ìk vìl ¢raa¢ ¢^{e}bàk^{e}n aardàp^{e}l^{e}n/ ¢^{e}kookt^{e} aardàp^{e}l^{e}n/friti^{e}s/ aardàp^{e}lkrookèt^{e}n*]

Vorrei una bistecca ai ferri	Een gegrilde biefstuk, alstublieft [^{e}n ¢^{e}¢rìld^e bifst^{ö}k, àlstübliſt]
Devo seguire una dieta priva di **zuccheri/sali/grassi**	Ik heb een **suiker**vrij/**zout**loos/**vet**vrij dieet [*ìk hèp ^{e}n söìk^{e}rvrèi/ʒautloos/vètvrèi dieet*]
Vorrei delle verdure cotte	Ik wil graag gekookte groente [*ìk vìl ¢raa¢ ¢^{e}kookt^e ¢runt^e*]
Vorrei **un'insalata mista/un'insalata verde/un'insalata senza condimento**	Ik wil graag **een gemengde salade/alleen bladsla/niet aangemaakte sla** [*ìk vìl ¢raa¢ ^{e}n ¢^{e}mèŋd^e saalaad^e/aaleen blàtslaa/nit aan¢^{e}maakt^e slaa*]
Vorrei **una cioccolata calda/una birra fredda**	Ik wil graag **warme chocolademelk/een koud biertje** [*ìk vìl ¢raa¢ vàrm^e scookoolaad^{e}mèlk/^{e}n kaut birti^e*]
Che gradazione ha questa bevanda?	Hoe sterk is dit drankje? [*hu stèrk ìs dìt drànki^e?*]
Buon appetito	Eet smakelijk [*eet smaak^{e}l^{e}k*]

LA TAVOLA APPARECCHIATA

apribottiglia	flesopener [*flèsoop^{e}n^{e}r*]
bicchiere	glas [*¢làs*]
bottiglia	fles [*flès*]
caffettiera	koffiekan [*kòfikàn*]
caraffa	karaf [*kaaràf*]
cavatappi	kurketrekker [*k^{ö}rk^{e}trèk^{e}r*]
coltello	mes [*mès*]
cucchiaio	lepel [*leep^{e}l*]
cucchiaino	lepeltje [*leep^{e}lti^e*]
forchetta	vork [*vòrk*]
oliera	oliestelletje [*oolistèl^{e}ti^e*]
piatto	bord [*bòrt*]
piattino	bordje [*bòrti^e*]
piatto fondo	diep bord [*dip bòrt*]
pepiera	pepervaatje [*peep^{e}rvaati^e*]
posacenere	asbak [*àsbàk*]
saliera	zoutvaatje [*ʒautvaati^e*]
sedia	stoel [*stul*]
seggiolone	kinderstoel [*kìnd^{e}rstul*]
stuzzicadenti	tandenstoker [*tànd^{e}nstook^{e}r*]

tavola	tafel [taaf^{e}l]
tazza	kopje [kòpi^e]
teiera	theepot [teepòt]
tovaglia	tafellaken [taaf^{e}laak^{e}n]
tovagliolo	servet [sèrvèt]
vassoio	dienblad [dinblàt]
zuccheriera	suikerpot [söik^{e}rpòt]

LISTA DELLE VIVANDE

antipasti	hors d'oeuvres [òrdövr^e]
carne	vlees [vlees]
bistecca	runderlapje [r^{ö}nd^{e}rlàpi^e]
cotoletta di agnello/maiale/vitello/	lamskotelet/varkenskotelet/kalfskotelet [làmskoot^{e}lèt/vàrk^{e}nskoot^{e}lèt/ kàlfskoot^{e}lèt]
fegato	lever [leev^{e}r]
pollo	kip [kìp]
rognone	niertjes [nirti^{e}s]
salsiccia	worst [vòrst]
tacchino	kalkoen [kàlkun]
condimento e specie	dressing en kruiden [drèsìŋ èn kröid^{e}n]
aceto	azijn [aaȥèin]
aglio	knoflook [knòflook]
limone	citroen [sitrun]
olio di oliva	olijfolie [oolèif ooli]
maionese	mayonaise [maaioonèȥ^e]
pepe	peper [peep^{e}r]
peperoncino	spaanse peper [spaans^e peep^{e}r]
sale	zout [ȥaut]
salsa	saus [saus]
senape	mosterd [mòst^{e}rt]
dessert	dessert [dèsèr], nagerecht [naaȼ^{e}rèȼt]
budino	pudding [p^{ö}dìŋ]
frutta	fruit [fröit]
gelato	ijs [èis]
torta	taart [taart], gebak [ȼ^{e}bàk]
formaggio	kaas [kaas]
formaggio olandese	Hollandse kaas [hòlànts^e kaas]
formaggio francese	Franse kaas [fràns^e kaas]
frutta	fruit [fröit]
albicocca	abrikoos [aabrikoos]
arancia	sinaasappel [sinaaȥàp^{e}l]
banana	banaan [baanaan]

ciliegie	kersen [*kèrs^{e}n*]
mandarino	mandarijn [*màndaarèin*]
mela	appel [*àp^{e}l*]
noci (in generale)	noten [*noot^{e}n*]
pera	peer [*peer*]
pesca	perzik [*pèrz̧ìk*]
prugne	pruim [*pröìm*]
uva	druiven [*dröìv^{e}n*]
minestre	soepen [*sup^{e}n*]
brodo	bouillon [*buiòn*]
crema di asparagi/di champignon	gebonden aspergesoep/ champignonsoep [*¢^{e}bònd^{e}n àspèrj^{e}sup/sciàmpiñònsup*]
minestra di verdura	groentesoep [*¢runt^{e}sup*]
pesce e frutti di mare	vis, schaal- en schelpdieren [*vìs, s¢aal- èn s¢èlpdir^{e}n*]
aragosta	kreeft [*kreeft*]
cozze	mosselen [*mòs^{e}l^{e}n*]
gamberetti	garnalen [*¢àrnaal^{e}n*]
granchio	krab [*kràp*]
merluzzo	kabeljauw [*kàb^{e}liau*]
ostriche	oesters [*ust^{e}rs*]
salmone	zalm [*z̧àlm*]
sogliola	tong [*tòŋ*]
tonno	tonijn [*toonèin*]
trota	forel [*foorèl*]
uova	eieren [*èi^{e}r^{e}n*]
uovo alla coque	zacht gekookt ei [*z̧à¢t ¢^{e}kookt èi*]
uovo sodo	hard gekookt ei [*hàrt ¢^{e}kookt èi*]
uovo al tegame	gebakken ei [*¢^{e}bàk^{e}n èi*]
uovo strapazzato	roerei [*rurèi*]
frittata	omelet [*òm^{e}lèt*]
verdura	groente [*¢runt^{e}*]
asparagi	asperges [*àspèrj^{e}s*]
carciofi	artisjokken [*àrtisciòk^{e}n*]
carote	worteltjes [*vòrt^{e}lti^{e}s*]
cavolfiore	bloemkool [*blumkool*]
cavolo	kool [*kool*]
cavolini di Bruxelles	spruitjes [*spröìti^{e}s*]
cipolla	ui [*öì*]
fagioli	bonen [*boon^{e}n*]
fagiolini	sperziebonen [*spèrz̧iboon^{e}n*]
insalata mista/verde	gemengde salade/alleen bladsla [*¢^{e}mèŋd^{e} saalaad^{e}/aaleen blàtslaa*]
patate bollite/arrosto/patatine fritte	gekookte/gebakken aardappelen/frietjes [*¢^{e}kookt^{e}/¢^{e}bàk^{e}n aardàp^{e}l^{e}n/friti^{e}s*]
purea di patate	aardappelpuree [*aardàp^{e}lpüree*]
piselli	erwtjes [*èrti^{e}s*]
pomodori	tomaten [*toomaat^{e}n*]

acqua	water [*vaat*^{e}*r*]
acqua minerale	mineraalwater [*mineeraalvaat*^{e}*r*]
gasata/non gasata	met/zonder prik [*mèt/ȥònd*^{e}*r prìk*]
acqua tonica	tonic [*tònìk*]
amaro	bittertje [*bìt*^{e}*rti*^{e}]
aperitivo	aperitief [*aapeeritif*]
aranciata	sinas [*sinàs*]
birra	bier [*bir*]
birra chiara	licht bier [*lì¢t bir*], pils [*pìls*]
birra scura	donker bier [*dònk*^{e}*r bir*]
birra alla spina	bier van 't vat [*bir vàntvàt*]
caffè	koffie [*kòfi*]
caffè espresso	expresso [*èksprèsoo*]
caffè al filtro	filterkoffie [*fìlt*^{e}*rkòfi*]
caffellatte	koffie met warme melk [*kòfi mèt vàrm*^{e} *mèlk*]
cappuccino	cappuccino [*kaapucinoo*]
latte macchiato	koffie verkeerd [*kòfi v*^{e}*rkeert*]
camomilla	kamillethee [*kaamìl*^{e}*tee*]
cioccolata	chocolademelk [*sciookoolaad*^{e}*mèlk*]
frappé	milk-shake [*mìlksceek*]
frullato	vruchten milk-shake [*vr*^{ö}*¢t*^{e}*n mìlksceek*]/ groenten milk-shake [*¢runt*^{e}*n mìlksceek*]
latte	melk [*mèlk*]
caldo/freddo	warm/koud [*vàrm/kaut*]
limonata	citroenlimonade [*sitrunlimoonaad*^{e}]
liquore	likeurtje [*likörti*^{e}]
spremuta di arancia/pompelmo	verse sinaasappelsap [*vèrs*^{e} *sinaaȥàp*^{e}*lsàp*]/ verse grapefruitsap [*vèrs*^{e} *greepfrutsàp*]
spremuta di limone	uitgeperste citroen [*öìt¢*^{e}*pèrst*^{e} *sitrun*]
succo di frutta	vruchtesap [*vr*^{ö}*¢t*^{e}*sàp*]
tè	thee [*tee*]
tè con latte/con limone	thee met melk/met citroen [*tee mèt mèlk/mèt sitrun*]
vino	wijn [*vèin*]
vino bianco/vino rosso/rosato	witte wijn/rode wijn/rosé [*vìt*^{e} *vèin/rood*^{e} *vèin/rooȥee*]

Specialità olandesi	
advokaat	liquore all'uovo molto denso, tipo "vov"
berenburger	gin tipico della Frisia
jenever/klare	gin olandese. Ci sono due qualità: *"jonge"* (giovane) e *"oude"* (invecchiato)
pils	nome comunemente usato per la birra chiara

IL MENU

Antipasti e primi

avocado (gevulde)	avocado (ripieno)
aspergepunten	punte di asparagi
champignons op toast	toast con champignons
garnalencocktail	cocktail di gamberetti
grapefruitcocktail	cocktail a base di pompelmo
haringsalade	insalata di aringhe
krabcocktail	cocktail di granchio
kreeftcocktail	cocktail di aragosta
meloen met ham	prosciutto e melone
mosselen	cozze
nieuwe haring op toast	toast con aringa fresca
oesters	ostriche
paling op toast	toast con anguilla
pasteitje	vol au vent
salade met ...	insalata di ...
slakken	lumache
soufflé	soufflé
tomaten (gevulde)	pomodori (ripieni)
zalm (gerookte)	salmone (affumicato)

Piatti a base di uova

omelet	frittata
boerenomelet	frittata campagnola
omelet met ham/kaas/champignons	frittata con prosciutto/formaggio/champignons
roerei	uova strapazzate
spiegeleieren	uova all'occhio di bue
uitsmijter	due fette di pane con prosciutto, roastbeef o formaggio ricoperte con uova all'occhio di bue

Minestre

soep van de dag	minestra del giorno
gebonden ... soep	crema di ...

heldere ... soep	minestra in brodo con...
aspergesoep	crema di asparagi
bruine bonensoep	zuppa di fagioli
champignonsoep	crema di champignons
erwtensoep	crema di piselli
groentesoep	minestra di verdura
kervelsoep	zuppa di cerfoglio
kippesoep	minestra di pollo
kreeftesoep	minestra di aragosta
ossestaartsoep	zuppa di coda di bue
runderbouillon	brodo di manzo
tomatensoep	zuppa di pomodoro
uiensoep	zuppa di cipolle

Piatti di pesce

bokking, gerookte haring	aringa affumicata
forel	trota
garnalen	gamberetti
kabeljauw	merluzzo
krab	granchio
kreeft	aragosta
makreel	sgombro
mosselen	cozze
paling	anguilla
roodbaars	triglia
sardientjes	sardine
schelvis	eglefino
schol	passera di mare
snoekbaars	luccioperca
sprotjes	spratto
stokvis	stoccafisso, baccalà
tarbot	rombo
tong	sogliola
tonijn	tonno
wijting	nasello
zalm	salmone
zalmforel	trota salmonata
zeewolf	spigola, branzino

Piatti di carne

biefstuk	bistecca alta
biefstuk tartaar	bistecca alla tartara
blinde vinken	involtini alla romana
braadworst	salsiccia
cordon-bleu	cordon-bleu
entrecôte	entrecôte

gehaktbal	polpetta
hachee	ragù di manzo
kalfshaas	filetto di vitello
kalfsoester	cotoletta di vitello senza osso
karbonade	lombata
lamsbout	cosciotto di agnello
lever	fegato
niertjes	rognone
ossehaas (tournedos)	controfiletto
rookworst	salsiccia affumicata (tipo grande würstel)
rosbief	roast beef
speenvarken	porcellino di latte
speklappen	fette di pancetta
stoofschotel van rundervlees/kalfsvlees	stufato di manzo/di vitello
varkenshaas	filetto di maiale
Wiener schnitzel	cotoletta alla milanese
zwezerik	animella di vitello

Selvaggina e volatili

braadkuiken	galletto
eend	anatra
fazant	fagiano
gans	oca
haas	lepre
hazepeper	lepre in salmì
kalkoen	tacchino
kip	pollo
konijn	coniglio
kwartels	quaglie
parelhoen	faraona
patrijs	pernice
reerugfilet	filetto di capriolo
wild zwijn	cinghiale

Verdura

artisjokken	carciofi
asperges	asparagi
aubergines	melanzane
bloemkool	cavolfiore
bietjes	barbabietole
boerenkool	cavolo crespo
bruine bonen	fagioli borlotti
Brussels lof, witlof	insalata belga
courgettes	zucchine
doperwtjes	piselli
kapucijners	ceci grigi
knolselderij	sedano rapa

komkommer	cetriolo
linzen	lenticchie
mais	granoturco
paprika	peperone
prei	porro
rode kool	cavolo rosso
selderij	sedano
sla	insalata
sperziebonen	fagiolini
spinazie	spinaci
spruitjes	cavolini di Bruxelles
tomaten	pomodori
tuinbonen	fave
uitjes	cipolline
venkel	finocchio
worteltjes	carote
zuurkool	crauti

Piatti a base di patate

aardappelpuree	purea di patate
aardappelkroketten	crocchette di patate
gebakken, gekookte aardappelen, frietjes	patate arrosto, bollite patates frites, patatine fritte

Dessert

aardbeien met slagroom	fragole con panna
appeltaart	torta di mele
Dame blanche	gelato di panna con cioccolata calda
flensjes	crêpe sottili
fruit naar keuze (met slagroom)	frutta fresca a scelta (con panna)
gebak	fette di torta
ijs	gelato
vla	crema, budino
vlaai/vlaatje	specie di crostata, specialità della provincia di Limburg
vruchtenslaatje	macedonia di frutta
yoghurt met vruchten	yogurt con pezzettini di frutta fresca

Spuntini

bamibal	polpetta a base di carne, semi di soia e altre verdure (cucina cinese)
bitterballen	piccole polpette impanate di carne trita
broodje met kaas/ham/salami	panino con formaggio/prosciutto/salami
frikandel	specie di würstel

Specialità olandesi	
La cucina tradizionale olandese è piuttosto sostanziosa e semplice. Sulla tavola olandese non manca quasi mai la patata, che, cucinata in tutti i modi, viene considerata non una verdura ma una pietanza. Molto apprezzati sono i piatti unici tra i quali gli *stamppot*: un misto di patate, verdura e carne.	
Ecco alcuni piatti tra i più graditi nei mesi invernali.	
erwtensoep met kluif	crema di piselli spezzati con pezzi di carne di maiale e di **rookworst** (specie di salsiccia affumicata)
boerenkool met worst	misto di cavolo crespo e patate servito con salsiccia affumicata
kapucijners met spek	ceci grigi con patate al forno e pancetta
hutspot met klapstuk	misto di patate, carote e cipolle cotto insieme a carne bovina
jachtschotel	piatto al forno composto da strati di carne, purea di patate, cipolle e mele
zuurkool met spek	crauti con patate, pancetta e pepe nero

gehaktbal	polpetta di carne
hamburger	hamburger
huzarensalade	insalata russa
knakworst	würstel
kroket	crocchetta
loempia	specie di involtino cinese con verdura e soia (cucina cinese)
nasibal	polpetta a base di carne, riso e verdura (cucina cinese)
pannekoeken	specie di crèpe piuttosto spesse
poffertjes	specie di fritelle, servite con zucchero a velo
pizza	pizza
Russisch ei	uova alla russa
uitsmijter	due fette di pane con prosciutto o roastbeef e formaggio, ricoperte con due uova all'occhio di bue

Dagschotel =	piatto del giorno
Toeristenmenu =	menu turistico
Vegetarische schotel =	piatto vegetariano

IL CONTO

Può essere utile sapere che:
- Iva, coperto e servizio sono compresi nel prezzo. - Come in Italia si usa comunque dare una mancia nei ristoranti.

I miei complimenti al cuoco	Complimenten aan de kok [*kòmplimèntᵉn aan dᵉ kòk*]
Il conto per favore	De rekening, alstublieft [*dᵉ reekᵉnìŋ, àlstüblift*]
È tutto compreso?	Is alles inbegrepen? [*ìs àlᵉs ìnbᵉ¢reepᵉn?*]
Tenga pure il resto	Houdt u de rest maar [*haut ü dᵉ rèst maar*]
Deve esserci un errore nel conto	Er moet een fout in de rekening zitten [*èr mut ᵉn faut ìn dᵉ reekᵉnìŋ ȥìtᵉn*]
Posso pagare con una carta di credito?	Kan ik met een creditcard betalen? [*kàn ìk mèt ᵉn krèditkàrt bᵉtaalᵉn?*]

X ACQUISTI E SERVIZI

Può essere utile sapere che:
– I negozi in Olanda hanno orari di apertura diversi rispetto a quelli italiani. Di solito sono aperti dalle ore 8.30 alle 17.30/18.00. Oltre alla chiusura domenicale è previsto un riposo settimanale che viene stabilito dai comuni tenendo conto del tipo di negozio. Attenzione: al sabato pomeriggio molti negozi chiudono già intorno alle 17.00. Una sera alla settimana, di solito il giovedì o il venerdì, i negozi rimangono aperti fino alle 22.00 circa. È la cosiddetta *koopavond* (serata per gli acquisti).

Dove posso trovare... ?	Waar kan ik ... vinden? [*vaar kàn ìk ...vìnd^{e}n?*]
Dov'è il più vicino **mercato/ supermercato/centro commerciale**?	Waar is de dichtstbijzijnde **markt/ supermarkt/winkelcentrum**? [*vaar ìs d^{e} dìċtsbèiƶèind^{e} màrkt/ süp^{e}rmàrkt/vìnk^{e}lsèntr^{ö}m?*]
C'è un negozio specializzato in...?	Is er een speciale winkel voor ...? [*ìs èr ^{e}n speesiaal^{e} vìnk^{e}l voor...?*]
Vorrei comprare ...	Ik wil graag ... kopen [*ìk vìl ċraaċ... koop^{e}n*]
Per favore, mi faccia vedere ...?	Kunt u mij ... laten zien? [*k^{ö}nt ü mèi ... laat^{e}n ƶin?*]
Quanto costa?	Hoeveel kost het? [*huveel kòst^{e}t?*]
Lo trovo piuttosto caro	Ik vind het nogal duur [*ìk vìnt^{e}t nòċàl dür*]
Ha qualcosa di più economico?	Heeft u iets goedkopers? [*heeft ü its ċutkoop^{e}rs?*]
Questo mi piace/non mi piace	Dit bevalt me/dit bevalt me niet [*dìt b^{e}vàlt m^{e}/dìt b^{e}vàlt m^{e} nit*]
Grazie, basta così	Dank u, dat is alles [*dànk ü, dàt ìs àl^{e}s*]
Voglio solo dare un'occhiata	Ik kijk alleen maar even [*ìk kèik aaleen maar eev^{e}n*]

Dov'è la cassa?	Waar is de kassa? [*vaar ìs d^e kàsaa*?]
Posso pagare con la carta di credito?	Kan ik met een creditcard betalen? [*kàn ìk mèt ^en krèdìtkàrt b^etaal^en*?]
Posso avere la ricevuta?	Mag ik het bonnetje? [*mà¢ ìk hèt bòn^eti^e*?]

Alcune parole utili:	
Uitverkoop =	saldi
Speciale aanbieding =	offerta speciale
Openingstijden =	orario di apertura
Sluitingstijden =	orario di chiusura
Ruilen vòòr ... =	cambiare prima del...

NEGOZI

Abbigliamento	Kledingzaak [*kleedìŋȥaak*]
Alimentari	Levensmiddelenzaak [*leevensmìdelenȥaak*]
Antiquario	Antiekzaak [*àntikȥaak*]
Calzoleria	Schoenenzaak [*s¢unenȥaak*]
Calzolaio	Schoenmaker [*s¢unmaaker*]
Cartoleria	Kantoorboekhandel [*kàntoorbukhàndel*]
Cristalleria e porcellane	Kristal- en porceleinwaren [*krìstàl èn pòrselèinvaaren*]
Erboristeria	Reformhuis [*rifòrmhöìs*]
Dischi, negozio di	Platenwinkel [*plaatenvìnkel*]
Drogheria	Drogisterij [*dro¢ìsterèi*]
Elettricista	Elektriciteitswinkel [*eelèktrisitèitsvìnkel*]
Farmacia	Apotheek [*aapooteek*]
Fioraio	Bloemist [*blumìst*]
Ferramenta	Ijzerhandel [*èiȥerhàndel*]
Fotografo	Fotograaf [*footoo¢raaf*]
Fruttivendolo	Groenteboer [*¢runtebur*]
Galleria d'arte	Kunstgalerie [*könstgaaleri*]
Gelateria	Ijssalon [*èisaalòn*]
Gioielleria	Juwelier [*iüveelir*]
Giornalaio	Kiosk [*kiòsk*]
Giocattoleria	Speelgoedwinkel [*speel¢utvìnkel*]
Grande magazzino	Warenhuis [*vaarenhöìs*]
Latteria	Zuivelwinkel [*ȥöìvelvìnkel*]
Lavanderia	Wasserette [*vàserète*]
Libreria	Boekhandel [*bukhàndel*]
Macelleria	Slagerij [*slaa¢erèi*]
Merceria	Fourniturenzaak [*furnitürenȥaak*]
Orologiaio	Horlogewinkel [*hòrloojevìnkel*]
Ottico	Opticien [*òptisièn*]
Panetteria	Bakker [*bàker*]
Parrucchiere	Kapper [*kàper*]
Pasticceria	Banketbakker [*bànkètbàker*]
Pelletteria	Lederwinkel [*leedervìnkel*]
Pescheria	Viswinkel [*vìsvìnkel*]
Reparto (grande magazzino)	Afdeling [*àfdeelìŋ*]
Rosticceria	Traiteur [*trètör*]
Salumeria specializzata	Delicatessenzaak [*deelikaatèsenȥaak*]
Articoli sportivi	Sportwinkel [*spòrtvìnkel*]
Souvenir	Souvenirwinkel [*suvenirvìnkel*]
Supermercato	Supermarkt [*süpermàrkt*]
Tabaccheria	Sigarenwinkel [*sigaarenvìnkel*]
Tessuti, negozio di	Stoffenzaak [*stòfenȥaak*]
Tintoria	Stomerij [*stoomerèi*]

SOUVENIR
Oltre ai famosi (bulbi di) tulipani, zoccoli e mulini a vento vi sono tanti altri prodotti artigianali ugualmente caratteristici dell'Olanda. Per nominarne alcuni: *Delfts blauw:* le ceramiche bianche e blu della città di Delft. *Leerdammer glas:* il cristallo della città di Leerdam. *Gietijzeren/tinnen potten:* vasi e pentole di ghisa/peltro.

ABBIGLIAMENTO, TESSUTI E MERCERIA

> Può essere utile sapere che:
>
> Le taglie olandesi sono diverse da quelle italiane. Ad esempio un vestito di taglia 38 in Olanda corrisponde alla 42 italiana, la 40 alla 44 e così via. È comunque sempre meglio provare il capo prima di acquistarlo.

abito da uomo	kostuum [*kòstüm*]
ago e filo	naald en draad [*naalt èn draat*]
altezza (della stoffa)	breedte [*breet*^{e}]
attillato	getailleerd [*¢*^{e}*taaieert*]
biancheria intima	ondergoed [*ònd*^{e}*r¢ut*]
bottone	knoop [*knoop*]
calze	kousen [*kaus*^{e}*n*]
calza maglia	maillot [*maaioo*]
calzoni	broek [*bruk*]
calzoncini	shorts [*sciòrts*]
camicia	overhemd [*oov*^{e}*rhèmt*]
camicia da notte	nachthemd [*nà¢thèmt*]
camicetta	bloes [*blus*]
cappotto	jas [*iàs*]
cappello	hoed [*hut*]
cerniera	rits [*rìts*]
cintura	ceintuur [*sèntür*]
collant	panty [*pènti*]
colore	kleur [*klör*]
costume da bagno	zwempak [*ƶvèmpàk*]
cotone	katoen [*kaatun*]
cravatta	stropdas [*stròpdàs*]
felpa	sweater [*svèt*^{e}*r*]
forbici	schaar [*s¢aar*]
foulard	sjaaltje [*sciaalti*^{e}]
giacca	jasje [*iàsc*^{e}]
giaccone	jack [*ièk*]
gilè	gilet [*jilee*]/vest (uomini) [*vèst*]
golf	trui [*tröi*]
gonna	rok [*ròk*]
guanti	handschoenen [*hàntsc¢un*^{e}*n*]
impermeabile	regenjas [*ree¢*^{e}*niàs*]
lana	wol [*vòl*]
largo	wijd [*vèit*]

lino	linnen [*lìnen*]
lunghezza	lengte [*lèŋte*]
lungo	lang [*làŋ*]
corto	kort [*kòrt*]
maglietta	T-shirt [*tisciört*]
maglione	dikke trui [*dìke tröì*]
manica	mouw [*mau*]
misura	maat [*maat*]
orlo	zoom [*ƶoom*]
pigiama	pyjama [*piaamaa*]
polsino	manchet [*mànscèt*]
raso	satijn [*saatèin*]
sciarpa	das [*dàs*]
seta	zijde [*ƶèide*]
stretto	strak [*stràk*]
tasca	zak [*ƶàk*]
tessuto sintetico	synthetische stof [*sìnteetise stòf*]
tinta	kleur [*klör*]
tinta unita	effen [*èfen*]
velluto	fluweel [*flüveel*]
velluto a coste	ribfluweel [*rìpflüveel*]
vestaglia	peignoir (donne) [*pèñuaar*]
	kamerjas (uomini) [*kaameriàs*]
vestito	pak (uomini) [*pàk*]
	jurk (donne) [*iörk*]
vestiti	kleren [*kleeren*]

Posso provare questo capo?	Mag ik dit passen? [*mà¢ ìk dìt pàsen?*]
Posso cambiarlo se non va bene?	Mag ik het ruilen als het niet past? [*mà¢ ìk hèt röìlen àls hèt nit pàst?*]
Avete una misura **più grande/più piccola**?	Heeft u een **grotere/kleinere** maat? [*heeft ü en ¢rootere/klèinere maat?*]
Non so qual è la mia taglia olandese	Ik weet niet wat mijn Nederlandse maat is [*ìk veet nit vàt mèin neederlàntse maat ìs*]
Va bene, prendo questo	Oké, ik neem dit [*ookee, ìk neem dìt*]

aceto di vino	wijnazijn [*vèinaaƶèin*]
acqua minerale	mineraalwater [*mineeraalvaat*^{e}*r*]
affettato	vleeswaren [*vleesvaar*^{e}*n*]
bibite	frisdrank [*frìsdrànk*]
birra	bier [*bir*]
biscotti	koekjes [*kuki*^{e}*s*]
burro	boter [*boot*^{e}*r*]
caffè	koffie [*kòfi*]
cacao	cacao [*kaakau*]
carne	vlees [*vlees*]
carne di maiale	varkensvlees [*vàrk*^{e}*nsvlees*]
carne di manzo	rundvlees [*r*^{ö}*ntvlees*]
carne di vitello	kalfsvlees [*kàlfsvlees*]
carne trita	gehakt [*¢*^{e}*hàkt*]
formaggio	kaas [*kaas*]
frutta	fruit [*fröìt*]
frutta secca	gedroogde vruchten [*¢*^{e}*droo¢d*^{e} *vr*^{ö}*¢t*^{e}*n*]
latte	melk [*mèlk*]
olio di oliva	olijfolie [*oolèifooli*]
pane	brood [*broot*]
pane integrale	volkoren brood [*vòlkoor*^{e}*n broot*]
pane bianco	wit brood [*vìt broot*]
panino	broodje [*brooti*^{e}]
patate	aardappelen [*aardàp*^{e}*l*^{e}*n*]
pepe	peper [*peep*^{e}*r*]
prosciutto	ham [*hàm*]
prosciutto cotto	gekookte ham [*¢*^{e}*kookt*^{e} *hàm*]
prosciutto crudo	rauwe ham [*rau*^{e} *hàm*]
riso	rijst [*rèist*]
sale	zout [*ƶaut*]
spezie	kruiden [*kröìd*^{e}*n*]
tè	thee [*tee*]
uova	eieren [*èi*^{e}*r*^{e}*n*]
verdura	groente [*¢runt*^{e}]
verdura fresca	verse groente [*vèrs*^{e} *¢runt*^{e}]
verdura in scatola	groente in blik [*¢runt*^{e} *ìn blìk*]
verdura surgelata	diepvriesgroente [*dipvris¢runt*^{e}]
vino	wijn [*vèin*]

yogurt	yoghurt [*iòç ört*]
zucchero	suiker [*söìkᵉr*]

Vedere inoltre la lista delle vivande e bevande nel capitolo RISTORAZIONE, pag. 84.

Vorrei **un etto/mezzo chilo/chilo** di ...	Ik wil graag een **ons/pond/kilo** ... [*ìk vìl çraaç ᵉn òns/pònt/kiloo...*]
Vorrei **un litro/una bottiglia/una lattina** di...	Ik wil graag **een liter/een fles/een blikje** ... [*ìk vìl çraaç ᵉn litᵉr/ᵉn flès/ᵉn blìkiᵉ...*]
Vorrei del formaggio **piccante/fresco/-stagionato**	Ik wil graag **pikante/jonge/belegen** kaas [*ìk vìl çraaç pikàntᵉ/iòŋᵉ/bᵉleeçᵉn kaas*]
Avete solo pane a fette?	Heeft u alleen gesneden brood? [*heeft ü àleen çᵉsneedᵉn broot?*]
Mi dia per favore un sacchetto **di carta/di plastica**	Heeft u een **papieren/plastic** zak? [*heeft ü ᵉn pàpirᵉn/plèstìk zàk?*]

Alcuni prodotti tipici olandesi che non si trovano in Italia:

Diversi tipi di formaggio quali *Goudse kaas* (formaggio della città di Gouda) e *komijnekaas* (formaggio con semi di cumino)

Prodotti dolci da mangiare sul pane, quali *chocolade hagelslag* (chicchi di cioccolata) e *stroop* (specie di melassa)

Una grande scelta di caramelle, quali *zoute drop* (liquirizia salata), *Haagse hopjes* e *Zeeuwse babbelaars* e di biscottini, quali *stroopwafels*.

cuoio	leer [*leer*]
lucido da scarpe	schoensmeer [*sȼunsmeer*]
misura/numero	maat [*maat*]
pantofole	pantoffels [*pàntòf^{e}ls*]
pelle	leer [*leer*]
piede	voet [*Vut*]
risuolare	verzolen [*Vèrƶool^{e}n*]
sandali	sandalen [*sàndaal^{e}n*]
scamosciata	suède [*süèd^e*]
scarpe	schoenen [*sȼun^{e}n*]
scarpe da ginnastica	gymschoenen [*ȼìmsȼun^{e}n*]
stivali	laarzen [*laarƶ^{e}n*]
stivali di gomma	rubberlaarzen [*röb^{e}rlaarƶ^{e}n*]
stringhe	veters [*Veet^{e}rs*]
suola	zool [*ƶool*]
suola di cuoio	leren zool [*leer^{e}n ƶool*]
suola di gomma	rubber zool [*röb^{e}r ƶool*]
suoletta	binnenzool [*bìn^{e}nƶool*]
tacco	hak [*hàk*]
tacco a spillo	naaldhak [*naalthàk*]
tacco **alto/basso**	**hoge/platte** hak [*hooȼ^e/plàt^e hàk*]
zoccoli	klompen [*klòmp^{e}n*]
Vorrei un paio di **scarpe da uomo/da donna**, misura…	Ik wil graag een paar **herenschoenen/damesschoenen**, maat … [*ìk vìl ȼraaȼ ^{e}n paar heer^{e}nsȼun^{e}n/ daam^{e}sȼun^{e}n, maat…*]
Sono **troppo strette/troppo larghe**	Ze zijn **te krap/te wijd** [*ƶ^e ƶèin t^e kràp/t^e vèit*]
Mi fanno male qui	Ze doen me hier pijn [*ƶ^e dun m^e hir pèin*]
Potrebbe **aggiustare/risuolare** queste scarpe?	Kunt u deze schoenen **repareren/verzolen**? [*könt ü deeƶ^e sȼun^{e}n reepaareer^{e}n/V^{e}rƶool^{e}n?*]
Quando saranno pronte?	Wanneer zijn ze klaar? [*vàneer ƶèin ƶ^e klaar?*]

agenda	agenda [*aa¢èndaa*]
bloc-notes	bloknoot [*blòknoot*]
busta	enveloppe [*ànV^{e}lòp*]
calendario	kalender [*kaalènd^{e}r*]
carta	papier [*pàpir*]
carta da lettera	briefpapier [*brifpàpir*]
carta **bianca/riciclata**	**wit/recycled** papier [*vìt/risaaik^{e}lt pàpir*]
carta da regalo	cadeaupapier [*kaadoopàpir*]
cartolina	ansichtkaart [*ànȥì¢tkaart*]
colla	lijm [*lèim*]
etichetta	etiket [*eetikèt*]
fotocopia	fotocopie [*footookoopi*]
francobollo	postzegel [*pòstȥee¢^{e}l*]
gomma	gum [*¢^{ö}m*]
inchiostro	inkt [*ìnkt*]
matita	potlood [*pòtloot*]
mina di ricambio	potloodvulling [*pòtlootV^{ö}lìη*]
nastro per macchina da scivere	lint [*lìnt*]
nastro adesivo	plakband [*plàkbànt*]
penna	pen [*pèn*]
penna stilografica	vulpen [*V^{ö}lpèn*]
penna a sfera	ballpoint [*bòlpòint*]
pennarello	viltstift [*Vìltstìft*]
quaderno	schrift [*s¢rìft*]
spago	touw [*tau*]
taccuino	notitieboekje [*nootitsibuki^{e}*]
Ha delle buste per queste cartoline?	Heeft u enveloppen voor deze kaarten? [*heeft ü ànV^{e}lòp^{e}n Voor deeȥ^{e} kaart^{e}n?*]
Ha delle cartoline per fare gli auguri?	Heeft u felicitatiekaarten? [*heeft ü feelisitaatsikaart^{e}n?*]
Ha delle cartoline che raffigurano la casa di Anna Frank?	Heeft u ansichtkaarten met het huis van Anne Frank? [*heeft ü ànȥì¢tkaart^{e}n mèt hèt höìs Vàn àn^{e} frànk?*]
Può farmi dieci fotocopie formato A4	Graag tien fotocopieën A4-formaat [*¢raa¢ tin footookoopi^{e}n aa Vir fòrmaat*]

cantante	zanger [*ẓàŋ^{e}r*]
cantautore	zanger en tekstschrijver [*ẓàŋ^{e}r èn tèkstsȼrèiv^{e}r*]
casa discografica	platenmaatschappij [*plaat^{e}nmaatsȼàpèi*]
cassetta	bandje [*bànti^{e}*]
cd	cd [*seedee*]
complesso musicale	band [*bènt*]
compositore	componist [*kòmpoonìst*]
concerto	concert [*kònsèrt*]
disco	plaat [*plaat*]
esecuzione	uitvoering [*öìtvurìŋ*]
interpretazione	vertolking [*vèrtòlkìŋ*]
interprete	vertolker [*vèrtòlk^{e}r*]
musica	muziek [*müẓik*]
jazz	jazz [*djèẓ*]
musica classica	klassieke muziek [*klàsik^{e} müẓik*]
musica contemporanea	hedendaagse muziek [*heed^{e}ndaaȼs^{e} müẓik*]
musica moderna	moderne muziek [*moodèrn^{e} müẓik*]
orchestra	orkest [*òrkèst*]
orchestra da camera	kamerorkest [*kaam^{e}ròrkèst*]
orchestra sinfonica	symfonieorkest [*sìmfooni òrkèst*]
Posso ascoltare questo disco?	Mag ik deze plaat beluisteren? [*màȼ ìk deeẓ^{e} plaat b^{e}löìst^{e}r^{e}n?*]
Non avete l'ultimo **disco/cd** dei ...	Heeft u de nieuwste **plaat/cd** van ... [*heeft ü d^{e} niust^{e} plaat/seedee vàn ..?*]
Può consigliarmi un disco di musica folcloristica olandese?	Kunt u mij een plaat met Nederlandse volksmuziek aanraden? [*k^{ö}nt ü mèi ^{e}n plaat mèt need^{e}rlànts^{e} vòlksmüẓik aanraad^{e}n?*]

anemoni	anemonen [*aan*ᵉ*moon*ᵉ*n*]
bulbi	bloembollen [*blumbòl*ᵉ*n*]
bulbi di crocco	crocusbollen [*krook*ᵒ̈*sbòl*ᵉ*n*]
bulbi di giacinti	hyacintenbollen [*hiaasìnt*ᵉ*nbòl*ᵉ*n*]
bulbi di narcisi	narcissenbollen [*nàrsìs*ᵉ*nbòl*ᵉ*n*]
bulbi di tulipani	tulpenbollen [*t*ᵒ̈*lp*ᵉ*nbòl*ᵉ*n*]
composizione floreale	bloemstuk [*blumst*ᵒ̈*k*]
fiori	bloemen [*blum*ᵉ*n*]
mazzo di fiori	bos bloemen [*bòs blum*ᵉ*n*]
vaso da fiori	bloemenvaas [*blum*ᵉ*nvaas*]
fresie	fresia's [*freesias*]
margherite	margrieten [*màrçrit*ᵉ*n*]
pianta	plant [*plànt*]
pianta da appartamento	kamerplant [*kaam*ᵉ*rplànt*]
pianta da giardino	tuinplant [*töìnplànt*]
pianta fiorita	bloeiende plant [*blui*ᵉ*nd*ᵉ *plànt*]
pianta grassa	vetplant [*vètplànt*]
pianta verde	niet bloeiende plant [*nit blui*ᵉ*nd*ᵉ *plànt*]
rosa	roos [*roos*]
semenza	zaad [*ẓaat*]
tulipano	tulp [*t*ᵒ̈*lp*]
Può spedire questi **fiori**/questa **pianta** a ...?	Kunt u deze **bloemen/plant** zenden naar...? [*k*ᵒ̈*nt ü deeẓ*ᵉ *blum*ᵉ*n/plànt ẓènd*ᵉ*n naar...?*]
Quando devo piantare questi bulbi?	Wanneer moet ik deze bollen planten? [*vàneer mut ìk deeẓ*ᵉ *bòl*ᵉ*n plànt*ᵉ*n?*]
È una pianta perenne?	Is dit een vaste plant? [*ìs dìt* ᵉ*n vàst*ᵉ *plànt?*]
Questa pianta è **delicata/robusta**?	Is dit een **tere/sterke** plant [*ìs dìt* ᵉ*n teer*ᵉ*/stèrk*ᵉ *plànt*]
Questa pianta ha bisogno di molta **acqua/luce**?	Heeft deze plant veel **water/licht** nodig? [*heeft deeẓ*ᵉ *plànt veel vaat*ᵉ*r/lìçt nood*ᵉ*ç?*]

binocolo da teatro	toneelkijker [*tooneelkèik^{e}r*]
canocchiale	verrekijker [*vèr^{e}kèik^{e}r*]
cavalletto	statief [*staatif*]
cinepresa	filmapparaat [*film-aapaaraat*]
diaframma	diafragma [*diaafrà¢maa*]
diapositiva	dia [*diaa*]
filtri fotografici	filters [*filt^{e}rs*]
filtro ultravioletto	ultraviolette filter [*^{ö}ltraavioolèt^{e} filt^{e}r*]
fotografia	foto [*footoo*]
fotografare	fotograferen [*footoo¢raafeer^{e}n*]
fototessera	pasfoto [*pàsfootoo*]
grandangolare	groothoeklens [*¢roothuklèns*]
ingrandimento	vergroting [*vèr¢rootìŋ*]
ingrandire	vergroten [*vèr¢root^{e}n*]
lampadina da flash	flits [*flìts*]
macchina fotografica	fototoestel [*footootustèl*]
negativo	negatief [*nee¢aatif*]
obiettivo	lens [*lèns*]
otturatore	sluiter [*slöìt^{e}r*]
pellicola	filmrolletje [*filmròl^{e}ti^{e}*]
pellicola a colori	kleurenrolletje [*klör^{e}nròl^{e}ti^{e}*]
pellicola in bianco e nero	zwart-wit rolletje [*ƶvàrt vìt ròl^{e}ti^{e}*]
pila per macchina fotografica	batterij voor fototoestel [*bàt^{e}rèi voor footootustèl*]
pulsante di scatto	ontspanner [*òntspàn^{e}r*]
riproduzione	reproduktie [*reeprood^{ö}ksi*]
sviluppo	het ontwikkelen [*hèt òntvìk^{e}l^{e}n*]
sviluppare	ontwikkelen [*òntvìk^{e}l^{e}n*]
tappo dell'obiettivo	lensdop [*lènsdòp*]
Sa dove posso trovare un fotografo che sviluppi foto in giornata?	Waar kan ik een fotograaf vinden die foto's in één dag ontwikkelt? [*vaar kàn ìk ^{e}n footoo¢raaf vìnd^{e}n di footoos ìn een dà¢ òntvìk^{e}lt?*]
Vorrei una pellicola ...	Ik wil graag een filmrolletje [*ìk vìl ¢raa¢ ^{e}n filmròl^{e}ti^{e}*]

da 24/36 pose	voor 24/36 opnamen [*Voor Virèntvìnteȼ/ȥèsèndèrteȼ òpnaamen*]
da ... DIN/ASA	met DIN/ASA Nr. ... [*mèt dìn/aaȥaa nömer...*]
formato 6x6/24x36	formaat 6x6/24x36 [*fòrmaat ȥès pèr ȥès/Virèntvìnteȼ pèr ȥèsèndèrteȼ*]
Può **estrarre/inserire** la pellicola, per favore?	Kunt u het rolletje **eruit halen/erin doen**? [*könt ü hèt ròletie èröit haalen/èrìn dun?*]
Mi può sviluppare questa pellicola?	Kunt u dit rolletje ontwikkelen? [*könt ü dìt ròletie òntvìkelen?*]
Può stampare una copia di queste negative su **carta opaca/lucida**, formato...?	Kunt u een **matte/glanzende** afdruk van deze negatieven maken, formaat...? [*könt ü en màte/ȼlànȥende àfdrök Vàn deeȥe neeȼaativen maaken, fòrmaat...?*]
Quando posso ritirare le fotografie?	Wanneer kan ik de foto's afhalen? [*vàneer kàn ìk de footoos àfhaalen?*]
Non funziona la macchina fotografica. Può dare un'occhiata?	Het fototoestel is kapot. Kunt u er even naar kijken? [*hèt fotootustèl ìs kaapòt. könt ü èr eeVen naar kèiken?*]
Vorrei farmi fare delle foto per uso tessera	Ik wil graag pasfoto's laten maken [*ìk vìl ȼraaȼ pàsfootoos laaten maaken*]

LAVANDERIA E TINTORIA

asciugatrice	droogtrommel [*drooȼtròmel*]
centrifuga	centrifuge [*sèntrifüje*]
detersivo	waspoeder [*vàspuder*]
lavare	wassen [*vàsen*]
lavare ad acqua	wassen [*vàsen*]
lavare a secco	stomen [*stoomen*]
lavatrice	wasmachine [*vàsmaascine*]
smacchiare	ontvlekken [*òntVlèken*]
macchia	vlek [*Vlèk*]

Vorrei far **lavare a secco/ad acqua/stirare** questi pantaloni	Ik wil deze broek laten **stomen/wassen/strijken** [*ìk vìl deeze bruk laaten stoomen/vàsen/strèiken*]
Può togliere questa macchia?	Kunt u deze vlek verwijderen? [*könt ü deeze vlèk vèrvèideren*]
Ne ho bisogno al più presto	Ik heb ze heel dringend nodig [*ìk hèp ze heel drìŋent noodeç*]
È possibile **rammendare/cucire** questa gonna?	Kunt u deze rok **verstellen/naaien**? [*könt ü deeze ròk verstèlen/naaien*]
Questo non è mio	Dit is niet van mij [*dìt ìs nit vàn mèi*]
È un self-service?	Is dit een self-service? [*ìs dìt en sèlf-sörvìs?*]

LIBRERIA E GIORNALAIO

atlante	atlas [*àtlàs*]
autore	auteur [*ootör*]
biblioteca	bibliotheek [*bibliooteek*]
carta geografica	landkaart [*làntkaart*]
carta stradale	wegenkaart [*veeçenkaart*]
catalogo	catalogus [*kaataalooçös*]
dizionario	woordenboek [*voordenbuk*]
editore	uitgever [*öìtçeevver*]
casa editrice	uitgeverij [*öìtçeevverèi*]
edizione	uitgave [*öìtçaave*]
edizione nuova	nieuwe uitgave [*niue öìtçaave*]
edizione tascabile	pocket-uitgave [*pòket öìtçaave*]
enciclopedia	encyclopedie [*ènsikloopeedi*]
fumetti	stripverhaal [*strìpverhaal*]
giornale	krant [*krànt*]
quotidiano	dagblad [*dàçblàt*]
settimanale	weekblad [*veekblàt*]
mensile	maandblad [*maantblàt*]
grammatica	grammatica [*çraamaatikaa*]
guida	gids [*çìts*]

illustrazione	illustratie [*ilüstraatsi*]
leggere	lezen [*leeẓ^{e}n*]
libro	boek [*buk*]
libro per bambini	kinderboek [*kìnd^{e}rbuk*]
manuale	handleiding [*hàntlèidìŋ*]
novella	novelle [*noovèl^{e}*]
opera	werk [*vèrk*]
opera letteraria	literair werk [*liteerèr vèrk*]
opera scientifica	wetenschappelijk werk [*veet^{e}nsȼàp^{e}l^{e}k vèrk*]
opuscolo	brochure [*bròsciür^{e}*]
pianta della città	stadsplan [*stàtsplàn*]
poesia	poëzie [*pooeeẓi*]
poeta	dichter [*dìȼt^{e}r*]
pubblicazione	publikatie [*püblikaatsi*]
pubblicare	publiceren [*pübliseer^{e}n*]
raccolta	verzamelbundel [*vèrẓaam^{e}lb^{ö}nd^{e}l*]
racconto	verhaal [*vèrhaal*]
rivista	tijdschrift [*tèitsȼrìft*]
di architettura	tijdschrift voor architectuur [*tèitsȼrìft voor àrȼitèktür*]
di moda	modeblad [*mood^{e}blàt*]
romanzo	roman [*roomàn*]
giallo	detective [*deetèktìf*]
rosa	liefdesromannetje [*livd^{e}sroomàn^{e}ti^{e}*]
saggio	essay [*èsee*]
scrivere	schrijven [*sȼrèiv^{e}n*]
scrittore/scrittrice	schrijver/schrijfster [*sȼrèiv^{e}r/sȼrèifst^{e}r*]
stampa	druk [*dr^{ö}k*]
ristampa	herdruk [*hèrdr^{ö}k*]
stampa (giornalisti)	pers [*pèrs*]
tipografo	zetter [*ẓèt^{e}r*]
traduzione	vertaling [*v^{e}rtaalìŋ*]
traduttore/traduttrice	vertaler/vertaalster [*v^{e}rtaal^{e}r/v^{e}rtaalst^{e}r*]
vocabolario	woordenboek [*voord^{e}nbuk*]
volume	deel [*deel*]
Dove posso comprare dei giornali italiani?	Waar kan ik Italiaanse kranten kopen? [*vaar kàn ìk itaaliaans^{e} krànt^{e}n koop^{e}n?*]

Vorrei un dizionario italiano-olandese e una grammatica olandese	Ik wil graag een Italiaans-Nederlands woordenboek en een Nederlandse grammatica [*ìk vìl ¢raa¢ ^{e}n itaaliaans need^{e}rlànts voord^{e}nbuk èn ^{e}n need^{e}rlànts^{e} ¢raamaatikaa*?]
Ha dei romanzi olandesi tradotti in italiano?	Heeft U Nederlandse romans die in het Italiaans zijn vertaald? [*heeft ü need^{e}rlànts^{e} roomàns di ìn hèt itaaliaans ƶèin v^{e}rtaalt*?]

OROLOGIAIO E GIOIELLERIA

anello	ring [*rìŋ*]
argento	zilver [*ƶìlv^{e}r*]
argentato	verzilverd [*vèrƶìlv^{e}rt*]
bigiotteria	bijouterie [*bijut^{e}ri*]
braccialetto	armbandje [*àrmbànti^{e}*]
brillante	briljant [*brìliànt*]
di ... **carati**	... karaats [*kaaraats*]
caricare	opwinden [*òpvìnd^{e}n*]
cinturino	horlogebandje [*hòrlooj^{e}bànti^{e}*]
collana	halsketting [*hàlskètìŋ*]
diamante	diamant [*diaamànt*]
tagliare un diamante	een diamant slijpen [*^{e}n diaamànt slèip^{e}n*]
fermacravatta	dasspeld [*dàspèlt*]
gemelli	manchetknopen [*mànscètknoop^{e}n*]
gioiello	juweel [*iüveel*]
orecchini	oorbellen [*oorbèl^{e}n*]
con clips	met clips [*mèt klìps*]
oro	goud [*¢aut*]
dorato	verguld [*vèr¢^{ö}lt*]
orologio	horloge [*hòrlooj^{e}*]
oroglogio da polso	polshorloge [*pòlshòrlooj^{e}*]
orologio a quarzo	kwartshorloge [*kvàrtshòrlooj^{e}*]
perla	parel [*paar^{e}l*]
pietra preziosa	edelsteen [*eed^{e}lsteen*]
pulire	schoonmaken [*s¢oonmaak^{e}n*]
regolare	bijstellen [*bèistèl^{e}n*]

riparare	repareren [*reepaareerᵉn*]
sveglia	wekker [*vèkᵉr*]
sveglia da viaggio	reiswekker [*rèisvèkᵉr*]
spilla	speld [*spèlt*]
Può regolarmi l'orologio? Va **avanti di dieci minuti/ritarda di cinque**.	Kunt U mijn horloge nakijken, het loopt **tien minuten voor/vijf minuten achter** [*kᵒ̈nt ü mèin hòrloojᵉ naakèikᵉn, hèt loopt tin minütᵉn Voor/ Vèif minütᵉn àçtᵉr?*]
Può cambiarmi la pila?	Kunt u het batterijtje vervangen? [*kᵒ̈nt ü hèt bàtᵉrèitiᵉ Vèrvàŋᵉn?*]
Mi può infilare la mia collana?	Kunt u mijn halssnoer rijgen? [*kᵒ̈nt ü mèin hàlsnur rèiçᵉn?*]

> Per gli amanti delle pietre preziose sarà quasi superfluo dire che Amsterdam è famosa per la lavorazione dei diamanti.

OTTICO

astigmatismo	astigmatisme [*aastìçmaatìsmᵉ*]
astuccio per occhiali	brillenkoker [*brìlᵉnkookᵉr*]
diottria	dioptrie [*diòptri*]
lente	glas [*çlàs*]
lente bifocale	bifocaal glas [*bifookaal çlàs*]
lente da occhiali	brilleglas [*brìlᵉçlàs*]
lente d'ingrandimento	vergrootglas [*Vèrçrootçlàs*]
lente a contatto	contactlens [*kòntàktlèns*]
contenitore per lenti	contactlenzendoosje [*kòntàktlènzᵉndooscᵉ*]
lenti **morbide/dure**	**zachte/harde** lenzen [*zàçtᵉ/hàrdᵉ lènzᵉn*]
liquido per la **pulizia/sterilizzazione**	vloeistof voor het **schoonmaken/steriliseren** [*Vluistòf Voor hèt sçoonmaakᵉn/ steerilizeerᵉn*]
miopia	bijziendheid [*bèizinthèit*]
montatura	montuur [*mòntür*]
occhiali	bril [*brìl*]
occhiali da sole	zonnebril [*zònᵉbrìl*]

presbiopia	verziendheid [*vèrzinthèit*]
Si è rotta la montatura. Me la può aggiustare?	Het montuur is gebroken. Kunt u het repareren? [*hèt mòntür ìs ¢ᵉbrookᵉn. kᵒnt ü hèt reepaareerᵉn?*]
Sono **miope/presbite/astigmatico**	Ik ben **bijziend/verziend/astigmatisch** [*ìk bèn bèizint/vèrzint/aastì¢maatis*]
Si sono rotte le lenti, può farmi un esame della vista?	Mijn glazen zijn gebroken, kunt u mijn ogen even testen? [*mèin ¢laazᵉn zèin ¢ᵉbrookᵉn, kᵒnt ü mèin oo¢ᵉn eevᵉn tèstᵉn?*]

PARRUCCHIERE, ESTETISTA E PROFUMERIA

acqua di colonia	eau de cologne [*oo dᵉ kòlòñᵉ*]
asciugare	drogen [*droo¢ᵉn*]
baffi	snor [*snòr*]
balsamo	haarverzachter [*haarvᵉrzà¢tᵉr*]
barba	baard [*baart*]
barbiere	herenkapper [*heerᵉnkàpᵉr*]
burro di cacao	cacaoboter [*kaakauboootᵉr*]
cipria	poeder [*pudᵉr*]
crema	crème [*krèm*]
crema da barba	scheerzeep [*s¢eerzeep*]
crema per il viso	gezichtscrème [*¢ᵉzì¢tskrèm*]
crema per le mani	handcrème [*hàntkrèm*]
crema solare	zonnecrème [*zònᵉkrèm*]
dentifricio	tandpasta [*tàntpàstaa*]
depilazione	ontharing [*ònthaarìŋ*]
dopobarba	after shave [*àftᵉr sceef*]
fard	rouge [*rujᵉ*]
fissatore	haarversteviger [*haarvᵉrsteevì¢ᵉr*]
fon	föhn [*fön*]
forbici per unghie	nagelschaartje [*naa¢els¢aartiᵉ*]
forfora	roos [*roos*]
frangia	ponny [*pòni*]
lacca	lak [*làk*]
latte detergente	reinigingsmelk [*rèinì¢ìŋsmèlk*]
lavare	wassen [*vàsᵉn*]

lozione	lotion [*loosiòn*]
mascara	mascara [*màskaaraa*]
matita per gli occhi	oogpotlood [*oocpòtloot*]
messa in piega	watergolven [*vaatercòlven*]
necessaire da unghie	nagelgarnituurtje [*naacelcàrnitürtie*]
ombretto	oogschaduw [*oocscaadüu*]
parrucca	pruik [*pröìk*]
pedicure	pedicure [*peedikür*]
permanente	permanent [*pèrmaanènt*]
pettine	kam [*kàm*]
pettinare	kammen [*kàmen*]
pettinatura	kapsel [*kàpsel*]
pinza	pincet [*pìnsèt*]
profumo	parfum [*pàrföm*]
rasoio	scheerapparaat [*sceeraapaaraat*]
ricciolo	krul [*kröl*]
riga	scheiding [*scèidìη*]
rossetto	lippenstift [*lìpenstìft*]
sapone	zeep [*zeep*]
shampoo	shampoo [*scàmpoo*]
smalto	nagellak [*naacelàk*]
spazzola	borstel [*bòrstel*]
spazzolare	borstelen [*bòrstelen*]
spazzolino da denti	tandenborstel [*tàndenbòrstel*]
specchio	spiegel [*spicel*]
spugnetta	sponsje [*spònsce*]
tagliare	knippen [*knìpen*]
taglio	coupe [*kup*]
tintura	kleurspoeling [*klörspulìη*]
tingere	verven [*vèrven*]
trucco	make-up [*meeköp*]
Può **tagliare/spuntare** i miei capelli	Kunt u mijn haar **knippen/bijknippen?** [*könt ü mèin haar knìpen/bèiknìpen?*]
Vorrei fissare un appuntamento per fare la permanente	Ik wil graag een afspraak maken voor 'n permanent [*ìk vìl craac en àfspraak maaken voor en pèrmaanènt*]
Ho i capelli molto **secchi/grassi**	Ik heb heel **droog/vet** haar [*ìk hèp heel drooc/vèt haar*]

Mi faccia una permanente leggerissima, ho i capelli molto fini	Graag een heel lichte permanent, ik heb heel fijn haar *[¢raa¢ ^{e}n heel lì¢t^{e} pèrmaanènt, ìk hèp heel fèin haar]*
Niente lacca, per favore	Geen lak alstublieft *[¢een làk àlstüblift]*
Vorrei farmi fare la pulizia del viso	Ik wil graag een schoonheidsmasker *[ìk vìl ¢raa¢ ^{e}n s¢oonhèitsmàsk^{e}r]*
Mi può fare la manicure?	Ik wil graag een manicure *[ìk vìl ¢raa¢ ^{e}n maanikür]*
Vorrei una boccetta di profumo della marca...	Ik wil graag een flesje parfum merk ... *[ìk vìl ¢raa¢ ^{e}n flèsc^{e} pàrf^{ö}m mèrk...]*

PELLETTERIA

borsa	tas *[tàs]*
borsa da viaggio	reistas *[rèistàs]*
borsa a tracolla	schoudertas *[s¢aud^{e}rtàs]*
borsetta	handtas *[hàntàs]*
borsellino	portemonnee *[pòrt^{e}mònee]*
cartella	aktentas *[àkt^{e}ntàs]*
cintura	ceintuur *[sèntür]*
cuoio	leer *[leer]*
pelle	leer *[leer]*
finta pelle	kunstleer *[k^{ö}nstleer]*
portafoglio	portefeuille *[pòrt^{e}föì^{e}]*
valigia	koffer *[kòf^{e}r]*
zainetto	rugzak *[r^{ö}¢ʒàk]*

Non mi piace la fibbia di questa cintura, ha qualcos'altro?	Ik vind de gesp van deze ceintuur niet mooi; heeft u iets anders? *[ìk vìnt d^{e} ¢èsp vàn deeʒ^{e} sèntür nit mooi; heeft ü its ànd^{e}rs?]*
Vorrei una cintura **alta/ bassa**	Ik wil een **brede/smalle** ceintuur *[ìk vìl ^{e}n breed^{e}/smàl^{e} sèntür]*
Vorrei una borsa di pelle morbida	Ik wil graag een handtas van zacht leer *[ìk vìl ¢raa¢ ^{e}n hàntàs vàn ʒà¢t leer]*

Può essere utile sapere che

Contrariamente all'uso italiano nelle tabaccherie olandesi non si vendono francobolli, che invece si trovano presso gli uffici postali e laddove si vendono cartoline. È possibile acquistare sigarette anche dai numerosi distributori automatici e nei supermercati

accendino	aansteker [aanstek^{e}r]
fiammiferi	lucifers [lüsifèrs]
fumatore	roker [rook^{e}r]
fumare	roken [rook^{e}n]
pipa	pijp [pèip]
sigaro	sigaar [si¢aar]
sigaretta	sigaret [si¢aarèt]
sigaretta **con/senza** filtro	sigaret **met/zonder** filter [si¢aarèt mèt/ʑònd^{e}r filt^{e}r]
stecca di sigarette	slof sigaretten [slòf si¢aarèt^{e}n]
tabacco	tabak [taabàk]
trinciato	shag [scià¢]
tabacco da pipa	pijptabak [pèiptaabàk]
veline per sigarette	vloeitjes [vluiti^{e}s]
Vorrei un pacchetto di sigarette e una scatola di fiammiferi	Ik wil graag een pakje sigaretten en een doosje lucifers [ìk vìl ¢raa¢ ^{e}n pàki^{e} si¢aarèt^{e}n èn ^{e}n doosc^{e} lüsifèrs]
Vorrei del tabacco per pipa, marca...	Ik wil graag een pakje pijptabak, merk... [ìk vìl ¢raa¢ ^{e}n pàki^{e} pèiptaabàk. mèrk...]

XI SALUTE E ASSISTENZA MEDICA

FRASI DI EMERGENZA

Presto, chiamate subito un medico	**Vlug, een dokter** [*vlö¢, ^e^n dòkt^e^r*]
C'è un medico qui?	**Is er hier een dokter?** [*ìs èr hir ^e^n dòkt^e^r?*]
Chiami un'ambulanza!	**Bel een ambulance!** [*bèl ^e^n àmbülàns^e^*]
Dov'è il pronto soccorso?	**Waar is een Eerste Hulppost?** [*vaar ìs ^e^n eerst^e^ h^ö^lpòst?*]
Non toccatelo, aspettiamo l'ambulanza!	**Niet aanraken, we moeten op de ambulance wachten!** [*nit aanraak^e^n, v^e^ mut^e^n òp d^e^ àmbülàns^e^ và¢t^e^n!*]
C'è qualcuno che mi può portare in ospedale?	**Kan iemand mij naar het ziekenhuis brengen?** [*kàn imànt mèi naar hèt ʐik^e^nhöìs brèŋ^e^n?*]
Presto, presto, è molto grave!	**Vlug, vlug, het is heel ernstig!** [*vlö¢, vlö¢ hèt ìs heel èrnstì¢!*]

FISIOLOGIA E PATOLOGIA

PARTI DEL CORPO

anca	heup [*höp*]
appendice	blindedarm [*blìndedàrm*]
arteria	slagader [*slà¢aader*]
articolazione	gewricht [*¢evrì¢t*]
bacino	bekken [*bèken*]
bile	gal [*¢àl*]
bocca	mond [*mònt*]
braccio	arm [*àrm*]
capo	hoofd [*hooft*]
caviglia	enkel [*ènkel*]
clavicola	sleutelbeen [*slötelbeen*]
collo	hals [*hàls*]
colonna vertebrale	wervelkolom [*vèrVelkòlòm*]
costola	rib [*rìp*]
cuore	hart [*hàrt*]
dito	vinger [*Vìηer*]
dita della mano	vingers [*Vìηers*]
dita dei piedi	tenen [*teenen*]
faccia	gezicht [*¢eȥì¢t*]
fegato	lever [*leeVer*]
femore	dijbeen [*dèibeen*]
fronte	voorhoofd [*Voorhooft*]
gamba	been [*been*]
ghiandola	klier [*klir*]
ginocchio	knie [*kni*]
rotula	knieschijf [*knis¢èif*]
gola	keel [*keel*]
gomito	elleboog [*èleboo¢*]
intestino	ingewanden [*ìn¢evàndèn*]
labbro	lip [*lìp*]
lingua	tong [*tòη*]
mano	hand [*hànt*]
mento	kin [*kìn*]
milza	milt [*mìlt*]
muscolo	spier [*spir*]
naso	neus [*nös*]
nervo	zenuw [*ȥeenüu*]
sistema nervoso	zenuwstelsel [*ȥeenüustèlsel*]

occhio	oog [*oo¢*]
orecchio	oor [*oor*]
osso	bot [*bòt*]
ovaie	eierstokken [*èi^{e}rstòk^{e}n*]
pelle	huid [*höìt*]
pene	penis [*peenìs*]
petto	borst [*bòrst*]
piede	voet [*vut*]
polmone	long [*lòη*]
polso	pols [*pòls*]
rene	nier [*nir*]
sangue	bloed [*blut*]
schiena	rug [*r^{ö}¢*]
seni	borsten [*bòrst^{e}n*]
spalla	schouder [*s¢aud^{e}r*]
spina dorsale	ruggegraat [*r^{ö}¢^{e}¢raat*]
stomaco	maag [*maa¢*]
tallone	hiel [*hil*]
tendine	pees [*pees*]
tonsille	amandelen [*aamànd^{e}l^{e}n*]
torace	borstkast [*bòrstkàst*]
urina	urine [*ürin^{e}*]
utero	baarmoeder [*baarmud^{e}r*]
vagina	vagina [*vaa¢inaa*]
vena	ader [*aad^{e}r*]
vescica	blaas [*blaas*]

MALATTIE E SINTOMI

Aids	Aids [*eets*]
allergia	allergie [*aalèr¢i*]
angina	angina [*àn¢inaa*]
angina pectoris	angina pectoris [*àn¢inaa pèktoorìs*]
anemia	bloedarmoede [*blutàrmud^{e}*]
appendicite	blindedarmontsteking [*blìnd^{e}dàrmònt-steekìη*]
artrite	artritis [*àrtritìs*]
artrosi	artrose [*àrtrooʒ^{e}*]
asma	astma [*àsmaa*]
bronchite	bronchitis [*bròn¢itìs*]
bruciore di stomaco	maagzuur [*maa¢ʒür*]
calcoli	stenen [*steen^{e}n*]
calcoli alla bile	galstenen [*¢àlsteen^{e}n*]

calcoli ai reni	nierstenen [*nirsteen^{e}n*]
cancro	kanker [*kànk^{e}r*]
catarro	slijm [*slèim*]
cistite	blaasontsteking [*blaasòntsteekìŋ*]
colica	koliek [*koolik*]
coma	coma [*koomaa*]
congiuntivite	conjunctivitis [*kòni^{ö}nktivitìs*]
crampi	krampen [*kràmp^{e}n*]
crisi di astinenza	onthoudingscrisis [*ònthaudìŋskriȥìs*]
diabete	suikerziekte [*söìk^{e}rȥikt^e*]
diarrea	diarree [*diaaree*]
dolore	pijn [*pèin*]
eczema	eczeem [*èkseem*]
ematoma	bloeduitstorting [*blutöìtstòrtìŋ*]
emicrania	migraine [*migrèn^e*]
emorragia	bloeding [*bludìŋ*]
emorragia cerebrale	hersenbloeding [*hèrs^{e}nbludìŋ*]
emorroide	aambeien [*aambèi^{e}n*]
encefalite	hersenvliesontsteking [*hèrs^{e}nvlisòntsteekìŋ*]
epilessia	epilepsie [*eepilèpsi*]
ernia	hernia [*hèrniaa*]
febbre	koorts [*koorts*]
febbre da fieno	hooikoorts [*hooikoorts*]
giramento di testa	duizeligheid [*döìȥ^{e}l^e¢hèit*]
gonfiore	zwelling [*ȥvèlìŋ*]
ictus cerebrale	hersenverlamming [*hèrs^{e}nv^{e}rlàmìŋ*]
indigestione	indigestie [*ìndi¢èsti*]
infarto	infarct [*ìnfàrkt*]
influenza	griep [*¢rip*]
ipertiroidismo	hyperthyreoïdie [*hipèrtireeooidi*]
iperventilazione	hyperventilatie [*hipèrvèntilaatsi*]
ipotiroidismo	hypothyreoïdie [*hipootireeooidi*]
insonnia	slapeloosheid [*slaap^{e}looshèit*]
intossicazione	vergiftiging [*vèr¢ìftì¢ìŋ*]
leucemia	leukemie [*löìkeemi*]
lombaggine	lage rugpijn [*laa¢^{e} r^ö¢pèin*]
morbillo	mazelen [*maaȥ^{e}l^{e}n*]
nausea	misselijkheid [*mìs^{e}l^{e}khèit*]
nefrite	nierontsteking [*niròntsteekìŋ*]
nevralgia	zenuwontsteking [*ȥeenüuòntsteekìŋ*]
orecchioni	de bof [*d^e bòf*]
otite	middenoorontsteking [*mìd^{e}nooròntsteekìŋ*]

palpitazioni	hartkloppingen [*hàrtklòpìŋᵉn*]
paralisi	verlamming [*Vèrlàmìŋ*]
peritonite	buikvliesontsteking [*bòìkVlisòntsteekìŋ*]
pertosse	kinkhoest [*kìnkhust*]
pleurite	pleuritis [*plöritìs*]
poliomielite	kinderverlamming [*kìndᵉrVèrlàmìŋ*]
polmonite	longontsteking [*lòŋòntsteekìŋ*]
raffreddore	verkoudheid [*Vèrkauthèit*]
reuma	reuma [*römaa*]
reumatismo	reumatiek [*römaatik*]
scarlattina	roodvonk [*rootVònk*]
stitichezza	hardlijvigheid [*hàrtlèiVì¢hèit*]
svenimento	flauwvallen [*flauVàlᵉn*]
svenire	flauwvallen [*flauVàlᵉn*]
tetano	tetanus [*teetaanᵒ̈s*]
tonsillite	keelontsteking [*keelònsteekìŋ*]
tosse	hoest [*hust*]
trombosi	trombose [*tròmbooƶᵉ*]
tumore	tumor [*tümòr*]
tumore benigno	goedaardige tumor [*¢udaardᵉ¢ᵉ tümòr*]
tumore maligno	kwaadaardige tumor [*kvaadaardᵉ¢ᵉ tümòr*]
ulcera	zweer [*ƶveer*]
ulcera gastrica	maagzweer [*maa¢ƶveer*]
varicella	waterpokken [*vaatᵉrpòkᵉn*]
verme solitario	lintworm [*lìntvòrm*]
vomitare	overgeven [*ooVᵉr¢eeVᵉn*]

FERITE

abrasione	schaafwond [*s¢aafvònt*]
bruciatura	brandwond [*bràntvònt*]
commozione cerebrale	hersenschudding [*hèrsᵉns¢ᵒ̈dìŋ*]
contusione	kneuzing [*knöƶìŋ*]
ferita	wond [*vònt*]
frattura	breuk [*brök*]
lesione	verwonding [*Vèrvòndìŋ*]
puntura d'insetto	insektenbeet [*ìnsèktᵉnbeet*]
strappo muscolare	spierverrekking [*spirVᵉrèkìŋ*]
vescica	blaar [*blaar*]

A che ora può ricevermi il dottor X?	Hoe laat kan dokter X mij ontvangen? [*hu laat kàn dòkt^{e}r X mèi òntvàŋ^{e}n?*]
Mio figlio è malato, può venire a visitarlo?	Mijn zoon is ziek, kunt u komen? [*mèin ʒoon ìs ʒik, k^{ö}nt ü koom^{e}n?*]
Ha la **febbre alta**/ha **40 di febbre**	Hij heeft **hoge koorts**/hij heeft **40 graden koorts** [*hèi heeft hoo¢^{e} koorts/hèi heeft veert^{e}¢ ¢raad^{e}n koorts*]
Ho dei forti dolori **qui**	Ik heb **hier** erge pijn [*ìk hèp hir èr¢^{e} pèin*]
Ho la **nausea/dei brividi/giramenti di testa/mal di gola**	Ik heb last van **misselijkheid/rillingen/duizeligheid/keelpijn** [*ìk hèp làst vàn mìs^{e}l^{e}khèit rìlìŋ^{e}n/döìʒ^{e}l^{e}¢hèit/keelpèin*]
Non riesco a muovere …	Ik kan … niet bewegen [*ìk kàn … nit b^{e}vee¢^{e}n*]
Sono incinta, ho **dei dolori al basso ventre**/ho delle **perdite**	Ik ben zwanger, ik heb **pijn in de onderbuik**/ik heb last van **afscheiding** [*ìk bèn ʒvàŋ^{e}r, ìk hèp pèin ìn d^{e} ònd^{e}rböìk/ìk hèp làst vàn àfs¢èidìŋ*]
È grave?	Is het ernstig? [*ìs hèt èrnst^{e}¢?*]
Sono **diabetico/malato di cuore**	Ik ben **suikerpatiënt/hartpatiënt** [*ìk bèn söìk^{e}rpaasiènt/hàrtpaasiènt*]
Sono epilettico	Ik lijd aan epilepsie [*ìk lèit aan eepilèpsi*]
Sono **alcolista/tossicodipendente**, ho bisogno di…	Ik ben **alcoholist/drugsverslaafde,** ik heb … nodig [*ìk bèn àlkoohoolìst/dr^{ö}gsv^{e}rslaafd^{e}, ìk hèp …nood^{e}¢*]
Sono allergico a …	Ik ben allergisch voor… [*ìk bèn aalèr¢is voor…*]
Ho il modulo CEE della mutua	Ik heb een EG ziekenfondsformulier [*ìk hèp ^{e}n ee ¢ee ʒik^{e}nfòntsfòrmülir*]
Mi può dare una ricevuta per la mia assicurazione?	Kunt u mij een kwitantie voor mijn ziekteverzekering geven? [*k^{ö}nt ü mèi ^{e}n kvitàntsi voor mèin ʒikt^{e}v^{e}rʒeek^{e}rìŋ ¢eev^{e}n?*]
Mi può rilasciare un certificato medico per il mio/di lavoro?	Kunt u een attest geven voor mijn werkgever? [*k^{ö}nt ü ^{e}n aatèst ¢eev^{e}n voor mèin vèrk¢eev^{e}r?*]

Il medico potrebbe chiedervi o dirvi:

Waar doet het pijn? [*vaar dut*ᵉ*t pèin?*]	Dove sente dolore?
Doet het hier pijn? [*dut*ᵉ*t hir pèin?*]	Le fa male qui?
Hoe lang heeft u die pijn al? [*hu làŋ heeft ü di pèin àl?*]	Da quanto tempo ha questo dolore?
Heeft u koorts? [*heeft ü koorts?*]	Ha la febbre?
Kleedt u zich uit a.u.b. [*kleet ü ʐìç öìt àlstüblift*]	Si spogli, per favore
Diep in- en uitademen [*dip ìn èn öìtaad*ᵉ*m*ᵉ*n*]	Respiri profondamente
Welke medicijnen neemt U in? [*vèlk*ᵉ *meedisèin*ᵉ*n neemt ü ìn?*]	Quali medicine prende?
U heeft een flinke griep/ blindedarmontsteking [*ü heeft* ᵉ*n flìnk*ᵉ *çrip/blìnd*ᵉ *dàrmòntsteekìŋ*]	Ha una bella influenza/un'appendicite
U moet onmiddellijk naar het ziekenhuis, ik bel een ziekenwagen/ambulance [*ü mut òmìd*ᵉ*l*ᵉ*k naar hèt... ʐik*ᵉ*nhöìs, ìk bèl* ᵉ*n ʐik*ᵉ*nvaaç*ᵉ*n/àmbülàns*ᵉ]	Deve subito essere ricoverato, chiamo l'ambulanza
Het is niets ernstigs [*hèt ìs nits èrnst*ᵉ*çs*]	Non è niente di grave

anestesia	anesthesie [*aanèsteeʑi*]
ascesso	abces [*àpsès*]
bocca	mond [*mònt*]
carie	gaatje [*¢aatiᵉ*]
capsula	capsule [*kàpsülᵉ*]
corona	kroon [*kroon*]
dente	tand [*tànt*]
dente molare	kies [*kis*], molaar [*moolaar*]
dente del giudizio	verstandskies [*vèrstàntskis*]
dentiera	kunstgebit [*kᵒnst¢ᵉbìt*]
dentifricio	tandpasta [*tàntpàsta*]
devitalizzazione	zenuwbehandeling [*ʑeenüubᵉhàndᵉlìŋ*]
estrarre un dente	een tand trekken [*ᵉn tànt trèkᵉn*]
gengiva	tandvlees [*tàntvlees*]
gengiva infiammata	ontstoken tandvlees [*òntstookᵉn tàntvlees*]
impronta	afdruk [*àfdrᵒk*]
prendere l'impronta	afdruk nemen [*àfdrᵒk neemᵉn*]
mal di denti	kiespijn [*kispèin*]
nervo	zenuw [*ʑeenüu*]
otturazione	vulling [*vᵒlìŋ*]
otturare	vullen [*vᵒlᵉn*]
ponte	brug [*brᵒ¢*]
protesi	prothese [*prooteeʑᵉ*]
radice	wortel [*vòrtᵉl*]
smalto	glazuur [*¢laaʑür*]
spazzolino da denti	tandenborstel [*tàndᵉnbòrstᵉl*]
tartaro	tandsteen [*tàntsteen*]
trapano	boor [*boor*]
trapanare	boren [*boorᵉn*]
Può consigliarmi un buon dentista?	Kunt u mij een goede tandarts aanbevelen? [*kᵒnt ü mèi ᵉn ¢udᵉ tàndàrts aanbᵉveelᵉn?*]

Vorrei fissare un appuntamento, è urgente	Kan ik een afspraak maken, het is dringend [*kàn ìk ^{e}n àfspraak maak^{e}n, hèt ìs drìŋ^{e}nt*]
Mi fa tanto male **qui**	Het doet **hier** erg pijn [*hèt dut hir èr¢ pèin*]
Sono allergico a ...	Ik ben allergisch voor ... [*ìk bèn aalèr¢is voor...*]
È indispensabile strappare il dente?	Moet de tand echt getrokken worden? [*mut d^{e} tànt è¢t ¢^{e}tròk^{e}n vòrd^{e}n?*]
Si è spezzato un dente	Mijn tand is afgebroken [*mèin tànt ìs àf¢^{e}brook^{e}n*]
Si è staccata l'otturazione	De vulling is eruit [*d^{e} v^{ö}lìŋ ìs èröìt*]
Può ripararmi la dentiera? Quanto costa? Quando sarà pronta?	Kunt u mijn gebit repareren? Hoe duur is het? Wanneer is het klaar? [*k^{ö}nt ü mèin ¢^{e}bìt reepaareer^{e}n? hu dür ìs^{e}t? vaaneer ìs^{e}t klaar?*]

Il dentista potrebbe chiedervi o dirvi:

Zegt u wanneer het heel erg pijn doet [*ƶè¢t ü vaaneer hèt heel èr¢ pèin dut*]	Mi dica quando fa molto male
Spoelt u maar [*spult ü maar*]	Sciacqui pure
Uw kaken stevig op elkaar drukken [*üu kaak^{e}n steev^{e}¢ òp èlkaar dr^{ö}k^{e}n*]	Stringere forte i denti
Mond wijd open [*mònt vèit oop^{e}n*]	Apra bene la bocca
De eerste paar uren niets eten of drinken [*d^{e} eerst^{e} paar ür^{e}n nits eet^{e}n òf drìnk^{e}n*]	Per le prime ore non bisogna né mangiare né bere
Niet met deze kant kauwen [*nit mèt deeƶ^{e} kànt kau^{e}n*]	Non masticare da questo lato

ASSISTENZA MEDICA

IN OSPEDALE

ambulanza	ziekenwagen [*ƶik^{e}nvaa¢^{e}n*], ambulance [*àmbülàns^{e}*]
ambulatorio	spreekuur/spreekkamer [*spreekür/spreekaam^{e}r*]
anestesia	anesthesie [*aanèsteeƶi*]
anestesia locale	locale anesthesie [*lookaal^{e} aanèsteeƶi*]
anestesia totale	algehele anesthesie [*àl¢^{e}heel^{e} aanèsteeƶi*]
assistente	assistent [*aasistènt*]
bendare	verbinden [*v^{e}rbìnd^{e}n*]
cardiologo	cardioloog [*kàrdioolooc¢*]
certificato di malattia	doktersattest [*dòkt^{e}rsaatèst*]
chirurgo	chirurg [*¢ir^{ö}r¢*]
clinica	kliniek [*klinik*]
consulto	consult [*kòns^{ö}lt*]
contagio	besmetting [*b^{e}smètìŋ*]
convalescenza	herstel [*hèrstèl*]
crisi	crisis [*kriƶìs*]
cura	behandeling [*b^{e}hànd^{e}lìŋ*]
dermatologo	dermatoloog [*dèrmaatooloo¢*]
diagnosi	diagnose [*diaa¢nooƶ^{e}*]
disinfettare	ontsmetten [*ontsmèt^{e}n*]
doglie	weeën [*vee^{e}n*]
epidemia	epidemie [*eepid^{e}mi*]
ginecologo	gynaecoloog [*¢ineekooloo¢*]
guarire	genezen [*¢^{e}neeƶ^{e}n*]
infermiere/infermiera	verpleger/verpleegster [*v^{e}rplee¢^{e}r/v^{e}rplee¢st^{e}r*]
infezione	infectie [*ìnfèksi*]
ingessare	in het gips zetten [*ìn hèt ¢ìps ƶèt^{e}n*]
iniezione	injectie [*ìnièksi*]
internista	internist [*ìntèrnìst*]
laboratorio	laboratorium [*laabooraatoori^{ö}m*]
lettiga	brancard [*brànkaar*]
letto	bed [*bèt*]
malato (sost.)	zieke [*ƶik^{e}*]
malato (agg.)	ziek [*ƶik*]
malattia	ziekte [*ƶikt^{e}*]
massaggio	massage [*màsaaj^{e}*]

medicare	wond verzorgen [*vònt vèrẓòr¢^{e}n*]
medicina	medicijn [*meedisèin*]
medico	dokter [*dòkt^{e}r*]
oculista	oogarts [*oo¢àrts*]
orario delle visite	bezoekuren [*b^{e}ẓukür^{e}n*]
operazione	operatie [*oop^{e}raatsi*]
operare	opereren [*oop^{e}reer^{e}n*]
ospedale	ziekenhuis [*ẓik^{e}nhöìs*]
ostetrica	vroedvrouw [*vrutvrau*]
ostetrico	verloskundige [*vèrlòsk^{ö}nd^{e}¢^{e}*]
otorinolaringoiatra	oor- neus- en keelarts [*oor nös èn keelàrts*]
parto	bevalling [*b^{e}vàlìŋ*]
partorire	bevallen [*b^{e}vàl^{e}n*]
pediatra	kinderarts [*kìnd^{e}ràrts*]
poliambulatorio	polikliniek [*pooliklinik*]
prelievo del sangue	bloedafname [*blutàfnaam^{e}*]
pronto soccorso	eerste hulppost [*eerst^{e} h^{ö}lpòst*]
punti di sutura	hechtingen [*hè¢tìŋ^{e}n*]
radiografia	radiografie [*raadioo¢raafi*]
reparto	afdeling [*àfdeelìŋ*]
sala d'aspetto	wachtkamer [*và¢tkaam^{e}r*]
sala operatoria	operatiekamer [*oop^{e}raatsikaam^{e}r*]
sala di rianimazione	reanimatiekamer [*reeaanimaatsikaam^{e}r*]
specialista	specialist [*speesiaalìst*]
terapia intensiva	intensive care [*ìntènẓìf kèr*]
termometro	thermometer [*tèrmoomeet^{e}r*]
trasfusione del sangue	bloedtransfusie [*blutrànsfüẓi*]
urologo	uroloog [*üroolooc̸*]
vaccinazione	inenting [*ìnèntìŋ*]
vaccinazione antitetanica	inenting tegen tetanus [*ìnèntìŋ tee¢^{e}n teetaan^{ö}s*]

Qual è l'orario di visita?	Wat zijn de bezoekuren? [*vàt ẓèin d^{e} b^{e}ẓukür^{e}n?*]
Dov'è il reparto di **ginecologia/pediatria**...	Waar is de afdeling **gynaecologie/pediatrie** ? [*vaar ìs d^{e} àfdeelìŋ ¢ineekooloo¢i/peediaatri?*]
Vorrei fare una visita al signor X., camera n°	Ik wil meneer X, kamer ... opzoeken [*ìk vìl m^{e}neer X, kaam^{e}r ...òpẓuk^{e}n*]

Vorrei parlare con il dottor X. Non c'è qualcuno che parli italiano?

Ik wil met dokter X spreken. Is er hier iemand die Italiaans spreekt?
[*ìk vìl mèt dòkt*^{e}*r X spreek*^{e}*n. ìs èr hir imànt di itaaliaans spreekt*?]

Dove posso telefonare in Italia?

Waar kan ik naar Italië bellen?
[*vaar kàn ìk naar itaali*^{e} *bèl*^{e}*n*?]

acqua borica	boorwater [*boorvaat*^{e}*r*]
acqua distillata	gedistilleerd water [*¢*^{e}*dìstileert vaat*^{e}*r*]
ago da iniezione	injectienaald [*ìnièksinaalt*]
alcool	alcohol [*àlkòhòl*]
antibiotico	antibiotica [*àntibiootikaa*]
aspirina	aspirine [*àspirin*^{e}]
assorbenti igienici	maandverband [*maantv*^{e}*rbànt*]
assorbenti interni	tampons [*tàmpòns*]
benda	verband [*v*^{e}*rbànt*]
benda elastica	rekverband [*rèkv*^{e}*rbànt*]
bicarbonato di sodio	sodium bicarbonaat [*soodi*^{ö}*m bikàrboonaat*]
cachet	cachet [*kaascè*]
calmante	kalmeringsmiddel [*kàlmeerìŋsmìd*^{e}*l*]
cerotto	pleister [*plèist*^{e}*r*]
collirio	oogwater [*oo¢vaat*^{e}*r*]
collutorio	desinfecterend mondwater [*dèsìnfèkteer*^{e}*nt mòntvaat*^{e}*r*]
compressa	kompres [*kòmprès*]
cotone idrofilo	watten [*vàt*^{e}*n*]
dentifricio	tandpasta [*tàntpàstaa*]
disinfettante	ontsmettingsmiddel [*òntsmètìŋsmìd*^{e}*l*]
fiala	ampul [*àmp*^{ö}*l*]
garza sterile	steriel gaas [*steeril ¢aas*]
gocce	druppels [*dr*^{ö}*p*^{e}*ls*]
insulina	insuline [*insülin*^{e}]
lassativo	laxeermiddel [*làkseermìd*^{e}*l*]
medicinale	medicijn [*meedisèin*]
pannolini (per bambini)	luiers [*löì*^{e}*rs*]
pastiglia	tablet [*taablèt*]
penicillina	penicilline [*peenisilin*^{e}]
pillola	pil [*pìl*]
pillola anticoncezionale	anticonceptiepil [*àntikònsèpsipìl*]
pomata	zalf [*ʐàlf*]
preservativo	condoom [*kòndoom*]
purgante	purgeermiddel [*p*^{ö}*r¢eermìd*^{e}*l*]
ricetta	recept [*r*^{e}*sèpt*]
sciroppo contro la tosse	hoestdrankje [*hustdrànki*^{e}]
siringa	injectiespuit [*ìnièksispöìt*]

sonnifero	slaapmiddel [*slaapmìd^{e}l*]
sulfamidici	sulfamiden [*s^{ö}lfaamid^{e}n*]
supposta	zetpil [*ȥètpìl*]
tampone	tampon [*tàmpòn*]
termometro	thermometer [*tèrmoomeet^{e}r*]
tintura di iodio	jodiumtinctuur [*ioodi^{ö}mtìnktür*]
tisana	kruidenthee [*kröìd^{e}ntee*]
tonico	tonicum [*toonik^{ö}m*]
tubetto	tube [*tüb^{e}*]
unguento per le scottature	brandzalf [*bràntȥàlf*]
uso	gebruik [*ȼ^{e}bröìk*]
per uso esterno	voor uitwendig gebruik [*Voor öìtvènd^{e}ȼ ȼ^{e}bröìk*]
per uso interno	voor inwendig gebruik [*Voor ìnvènd^{e}ȼ ȼ^{e}bröìk*]
valeriana	valeriaan [*Vaaleeriaan*]
valium	valium [*Vaali^{ö}m*]
vaselina	vaseline [*Vaaȥ^{e}lin^{e}*]
vitamina	vitamine [*Vitaamin^{e}*]

Dov'è la più vicina farmacia?	Waar is de dichtstbijzijnde apotheek? [*vaar ìs d^{e} dìȼtsbèìȥèìnd^{e} aapooteek?*]
Quale farmacia fa servizio notturno?	Is er een nachtapotheek? [*ìs èr ^{e}n nàȼtaapooteek?*]
Ha qualcosa contro:	Heeft U iets tegen: [*heeft ü its teeȼ^{e}n:*]
la nausea	misselijkheid [*mìs^{e}l^{e}khèìt*]
la diarrea	diarree [*diaaree*]
la stitichezza	hardlijvigheid [*hàrtlèìv^{e}ȼhèìt*]
il raffreddore	verkoudheid [*V^{e}rkauthèìt*]
il mal di testa	hoofdpijn [*hooftpèìn*]
il mal d'orecchio	oorpijn [*oorpèìn*]
il mal di denti	kiespijn [*kispèìn*]
il mal di macchina	wagenziekte [*vaaȼ^{e}nȥikt^{e}*]
il mal di gola	keelpijn [*keelpèìn*]
le punture di insetti	insektenbeten [*ìnsèkt^{e}nbeet^{e}n*]
i dolori mestruali	menstruatiepijnen [*mènstrüaatsipèìn^{e}n*]
Quante volte al giorno devo prenderli?	Hoeveel keer per dag moet ik ze innemen? [*huveel keer pèr dàȼ mut ìk ȥ^{e} ìneem^{e}n?*]
Prima o **dopo** i pasti/**a stomaco vuoto?**	**Voor** of **na** het eten/**op de nuchtere maag?** [*Voor òf naa hèt eet^{e}n/òp d^{e} n^{ö}ȼt^{e}r^{e} maaȼ?*]

In Italia prendo sempre questa medicina. Avete qualcosa di simile?	In Italië neem ik altijd dit. Heeft U iets dergelijks? [*ìn itaali^{e} neem ìk àltèit dìt. heeft ü its dèrc^{e}l^{e}ks*?]
Mi può dare la ricevuta?	Kunt U mij een kwitantie geven? [*k^{ö}nt ü mèi ^{e}n kvitàntsi ceev^{e}n*?]
Sono incinta, non ci sono controindicazioni?	Ik ben zwanger. Zijn er geen contraindicaties? [*ìk bèn zvàŋ^{e}r. zèin èr ceen kòntraaìndikaatsis*?]

XII TURISMO

IN CITTÀ

CHIEDERE LA STRADA

albergo	hotel [*hootèl*]
ambasciata	ambassade [*àmbaasaad*^{e}]
banca	bank [*bànk*]
battello	rondvaartboot [*ròntVaartboot*]
biblioteca	bibliotheek [*bibliooteek*]
bicicletta	fiets [*fits*]
canale	kanaal, gracht [*kaanaal, ¢ rà¢t*]
casa	huis [*höìs*]
casa galleggiante	woonboot [*voonboot*]
casa tipica	typisch Nederlands huis [*tipis need*^{e}*rlànts höìs*]
centro città	stadscentrum [*stàtsèntr*^{ö}*m*]
centro commerciale	winkelcentrum [*vìnk*^{e}*lsèntr*^{ö}*m*]
centro storico	de oude binnenstad [*d*^{e} *aud*^{e} *bìn*^{e}*nstàt*]
chiesa	kerk [*kèrk*]
circonvallazione	rondweg [*ròntvè¢*]
commissariato di polizia	politiebureau [*poolitsibüroo*]
consolato	consulaat [*kònsülaat*]
direzione	richting [*rì¢tìŋ*]
edificio	gebouw [*¢*^{e}*bau*]
fiera	handelsbeurs [*hànd*^{e}*lsbörs*]
fontana	fontein [*fòntèin*]
gabinetti pubblici	openbare toiletten [*oop*^{e}*nbaar*^{e} *tvaalèt*^{e}*n*]
giardini pubblici	stadspark [*stàtspàrk*]
grande magazzino	warenhuis [*vaar*^{e}*nhöìs*]
grattacielo	wolkenkrabber [*vòlk*^{e}*nkràb*^{e}*r*]
guida	gids [*¢ìts*]
incrocio	kruispunt [*kröìsp*^{ö}*nt*]
laghetto	vijver [*vèiV*^{e}*r*]
marciapiede	trottoir [*tròtVaar*], stoep [*stup*]
mercato	markt [*màrkt*]
mercatino dell'antiquariato	antiekmarkt [*àntikmàrkt*]
mercatino delle pulci	vlooienmarkt [*Vlooi*^{e}*nmàrkt*]

municipio	stadhuis [*stàthöis*]
mura della città	stadswallen [*stàtsvàl*^{e}*n*]
museo	museum [*müzee*^{ö}*m*]
negozio	winkel [*vìnk*^{e}*l*]
numero civico	huisnummer [*höisn*^{ö}*m*^{e}*r*]
ospedale	ziekenhuis [*zik*^{e}*nhöis*]
palazzo	paleis [*paalèis*]
palazzo (di appartamenti)	flatgebouw [*flèt¢*^{e}*bau*]
palazzo reale	koninklijk paleis [*koonìnkl*^{e}*k paalèis*]
palazzo di giustizia	gerechtsgebouw [*¢*^{e}*rè¢ts¢*^{e}*bau*]
panorama	panorama [*paanooraamaa*]
parco	park [*pàrk*]
parcheggio	parkeerplaats [*pàrkeerplaats*]
passaggio pedonale	voetgangerstunnel [*vut¢àŋ*^{e}*rst*^{ö}*n*^{e}*l*]
passaggio a livello	spoorwegovergang [*spoorvè¢oov*^{e}*r¢àŋ*]
pedone	voetganger [*vut¢àŋ*^{e}*r*]
pianta della città	stadsplan, stadsplattegrond [*stàtsplàn, stàtsplàt*^{e}*¢rònt*]
ponte	brug [*br*^{ö}*¢*]
ponte levatoio	ophaalbrug [*òphaalbr*^{ö}*¢*]
porta della città	stadspoort [*stàtspoort*]
porto	haven [*haav*^{e}*n*]
quartiere	wijk [*vèik*], buurt [*bürt*]
ristorante	restaurant [*rèstooràn*]
scuola	school [*s¢ool*]
semaforo	stoplicht [*stòplì¢t*]
stadio	stadion [*staadiòn*]
stazione	station [*staasciòn*]
strada	straat [*straat*]
supermercato	supermarkt [*süp*^{e}*rmàrkt*]
teatro	schouwburg [*s¢aub*^{ö}*r¢*]
teatro dell'opera/ sala da concerto	operagebouw/ concertzaal [*oop*^{e}*raa¢*^{e}*bau/ kònsèrtzaal*]
torre	toren [*toor*^{e}*n*]
ufficio informazioni turistiche	Informatiebureau voor toerisme (VVV) [*ìnfòrmaatsibüroo voor turìsm*^{e} *(vee vee vee)*]
ufficio postale	postkantoor [*pòstkàntoor*]
ufficio viaggi	reisbureau [*rèisbüroo*]
università	universiteit [*ünivèrsitèit*]
via	straat, weg [*straat, vè¢*]
viale	laan [*laan*]

vicolo	steeg [*steeç*]
vigile	agent [*aaçènt*]
zona pedonale	autovrije zone [*autoovrèie ẓòne*]
Dov'è ...?	Waar is ...? [*vaar ìs ...?*]
È lontano?	Is het ver? [*ìset vèr?*]
Quanto tempo ci vuole per andare al/ alla ...	Hoelang duurt het om naar ... te gaan? [*hulàŋ dürtet òm naar ... te çaan?*]
Quanto tempo ci impiego a piedi?	Hoelang is het lopen? [*hulàŋ ìset loopen?*]
In quale direzione devo andare?	Welke richting moet ik nemen? [*vèlke rìçtìŋ mut ìk neemen?*]
A destra/ a sinistra/ sempre diritto	Naar rechts/ naar links/ steeds rechtdoor [*naar rèçts/naar lìnks/ steets rèçtdoor*]
Dov'è il quartiere rosso?	Waar zijn de Walletjes? [*vaar ẓèin de vàleties?*]

Può essere utile sapere che:
In Olanda per i mezzi pubblici, **invece del singolo biglietto**, esiste il cosiddetto *strippenkaart* (biglietto a caselle) che dà accesso a tutti i mezzi pubblici, comprese le linee intercomunali. A seconda del numero di zone da attraversare, viene timbrato un certo numero di caselle. Gli *strippenkaart* vengono venduti presso gli uffici **VVV**, gli uffici postali e le stazioni ferroviarie.

autobus	autobus [*autoob^{ö}s*]
biglietto per l'autobus/tram	buskaartje/tramkaartje [*b^{ö}skaarti^{e}/ trèmkaarti^{e}*]
capolinea	eindhalte [*èinthàlt^{e}*]
fermata	halte [*hàlt^{e}*]
fermata dell'autobus	bushalte [*b^{ö}shàlt^{e}*]
fermata del tram	tramhalte [*trèmhàlt^{e}*]
fermata del metro	metrostation [*meetroostaasciòn*]
filovia	trolleybus [*tròlib^{ö}s*]
linea tranviaria	tramlijn [*trèmlèin*]
linea d'autobus	buslijn [*b^{ö}slèin*]
metropolitano	metro [*meetroo*]
mezzi pubblici	openbaar vevvoer [*oop^{e}nbaar v^{e}rvur*]
posteggio taxi	taxistandplaats [*tàksistàntplaats*]
pullman	bus [*b^{ö}s*]
taxi	taxi [*tàksi*]
tram	tram [*trèm*]

Quale **autobus/tram** va a ...?	Welke **bus/tram** gaat naar ...? [*vèlk^{e} b^{ö}s/trèm ¢aat naar...?*]
Dov'è la fermata dell'**autobus/tram** n° ...?	Waar is de halte van **bus/tram** nr ...? [*vaar ìs d^{e} hàlt^{e} vàn b^{ö}s/trèm n^{ö}m^{e}r...?*]
Dove devo **scendere/cambiare**?	Waar moet ik **uitstappen/overstappen**? [*vaar mut ìk öìtstàp^{e}n/oov^{e}rstàp^{e}n?*]
Dove posso comprare **dei biglietti per il tram/ l'autobus?**	Waar kan ik **tramkaartjes/buskaartjes** kopen? [*vaar* kàn ìk trèmkaarti^{e}s/ b^{ö}skaarti^{e}s koop^{e}n?]
Dove posso prendere un taxi?	Waar kan ik een taxi nemen? [*vaar kàn ìk ^{e}n tàksi neem^{e}n?*]
Mi porti alla stazione, per favore	Naar het station, alstublieft [*naar hèt staasciòn, àlstüblift*]

abbazia	abdij [*àpdèi*]
affresco	fresco [*frèskoo*]
altare	altaar [*àltaar*]
architettura	architectuur [*àr¢itèktür*]
arazzo	wandtapijt [*vàntaapeìt*]
arco	boog [*boo¢*]
arte	kunst [*k^{ö}nst*]
battistero	doopkapel [*doopkaapèl*]
biglietto d'ingresso	entreekaartje [*àntreekaarti^{e}*]
campanile	klokketoren [*klòk^{e}toor^{e}n*]
capolavoro	meesterwerk [*meest^{e}rvèrk*]
castello	kasteel [*kàsteel*]
catalogo	catalogus [*kaataaloo¢^{ö}s*]
cattedrale	kathedraal [*kaateedraal*]
ceramica	aardewerk [*aard^{e}vèrk*]
collezione	collectie [*koolèksi*]
convento	klooster [*kloost^{e}r*]
cortile	binnenhof [*bìn^{e}nhòf*]
costruzione	bouwwerk [*bauvèrk*]
costruire	bouwen [*bau^{e}n*]
cupola	koepel [*kup^{e}l*]
decorazione	decoratie [*deekooraatsi*]
disegno	tekening [*teek^{e}nìŋ*]/ontwerp [*òntvèrp*]
duomo	dom [*dòm*]
edificio	gebouw [*¢^{e}bau*]
epoca	tijdperk [*tèitpèrk*]
esposizione	tentoonstelling [*tèntoonstèlìŋ*]
facciata	gevel [*¢eev^{e}l*]
fontana	fontein [*fòntèin*]
galleria d'arte	kunstgalerie [*k^{ö}nstgaal^{e}ri*]
guida	gids [*¢ìts*]
incisione	gravure [*¢raavür^{e}*], ets [*èts*]
materiale	materiaal [*maateeriaal*]
argento	zilver [*ƶìlv^{e}r*]
bronzo	brons [*bròns*]
ferro	ijzer [*èiƶ^{e}r*]
legno	hout [*haut*]
marmo	marmer [*màrm^{e}r*]
mattone	baksteen [*bàksteen*]
oro	goud [*gaut*]
pietra	natuursteen [*naatürsteen*]

manoscritto	manuscript [*maanüskrìpt*]
medievale	Middeleeuws [*mìdeleeus*]
monastero	klooster [*kloosteR*]
monumento	monument [*moonümènt*]
mosaico	mozaïek [*mooȥaaik*]
mostra	tentoonstelling [*tèntoonstèlìŋ*]
museo	museum [*müȥeeöm*]
navata	schip [*s¢ìp*]
natura morta	stilleven [*stìleevеn*]
orario di apertura	openingstijden [*oopenìŋstèiden*]
paesaggio	landschap [*làntsc¢àp*]
palazzo	paleis [*paalèis*]
palazzo reale	koninklijk paleis [*koonìnklek paalèis*]
periodo	periode [*peeriioode*]
pilastro	pilaar [*pilaar*]
pittore	schilder [*s¢ìlder*]
pittura	schilderkunst [*s¢ìlderkönst*]
pittura (quadro)	schilderij [*s¢ìlderèi*]
dipingere	schilderen [*s¢ìlderen*]
portico	gallerij [*¢aalerèi*]
pulpito	preekstoel [*preekstul*]
quadro	schilderij [*s¢ìlderèi*]
reperto archeologico	archeologische vondst [*àr¢eeooloo¢ise vònst*]
restaurare	restaureren [*rèstaureeren*]
resti	overblijfselen [*oovеrblèifselen*]
riproduzione	reproductie [*reeproodöksi*]
ritratto	portret [*pòrtrèt*]
scultore	beeldhouwer [*beelthauer*]
scultura	beeldhouwwerk [*beelthauvèrk*]
secolo	eeuw [*eeu*]
statua	standbeeld [*stàntbeelt*]
stile	stijl [*stèil*]
stile barocco	barok [*baaròk*]
stile classico	klassieke stijl [*klàsike stèil*]
stile gotico	gotische stijl [*¢ootise stèil*]
stile moderno	moderne stijl [*moodèrne stèil*]
stile neoclassico	neoklassieke stijl [*neeooklàsike stèil*]
stile rinascimentale	Renaissance stijl [*renèsànse stèil*]
stile romanico	Romaanse stijl [*roomaanse stèil*]
tela	doek [*duk*]
tomba	graf [*¢ràf*]
vetrata (chiesa)	glasraam [*¢làsraam*]
visita	bezoek [*beȥuk*]
visita guidata	rondleiding [*ròntlèidìŋ*]

visitatore	bezoeker [*b^{e}ẓuk^{e}r*]
visitare	bezoeken [*b^{e}ẓuk^{e}n*]
volta	gewelf [*¢^{e}vèlf*]

Dove si trova la casa di Anna Frank, il museo di Van Gogh...	Waar is het huis van Anne Frank, het Van Goghmuseum...? [*vaar ìs hèt höìs vàn àn^e frànk, hèt vàn ¢ò¢ müẓee^{ö}m?*]
Dove partono i battelli per il giro sui canali?	Waar vertrekken de rondvaartboten? [*vaar v^{e}rtrèk^{e}n d^e ròntvaartboot^{e}n?*]
A che ora **apre/chiude** il museo?	Hoe laat gaat het museum **open/dicht?** [*hu laat ¢aat hèt müẓee^{ö}m oop^{e}n/dì¢t?*]
Quanto costa **l'ingresso/la visita guidata**?	Hoeveel kost **de entree/de rondleiding**? [*huveel kòst d^e àntree/d^e ròntlèidìŋ?*]
C'è una guida che parla italiano?	Is er een gids die Italiaans spreekt? [*ìs èr ^{e}n ¢ìts di itaaliaans spreekt?*]
A che ora comincia la visita guidata?	Hoe laat begint de rondleiding? [*hu laat b^e¢ìnt d^e ròntlèidìŋ?*]
È permesso fotografare?	Mag je fotograferen? [*mà¢ i^e footoo¢raa-feer^{e}n?*]
Fino a quando dura la mostra?	Tot wanneer duurt de tentoonstelling? [*tòt vàneer dürt d^e tèntoonstèlìŋ?*]
Avete un catalogo dell'esposizione?	Heeft u een catalogus van de expositie? [*heeft ü ^{e}n kaataaloo¢^{ö}s vàn d^e èkspoo-ẓitsi?*]
Che **edificio/monumento** è questo?	Wat is dit voor een **gebouw/monument?** [*vàt ìs dìt voor ^{e}n ¢^{e}bau/moonümènt?*]
Di che secolo è?	Uit welke eeuw is het? [*öìt vèlk^e eeu ìs hèt?*]

Vedere anche il capitolo VII, pag. 72, alla voce ente turistico.

battesimo	doop [*doop*]
Bibbia	bijbel [*bèib*^{e}*l*]
benedizione	zegening [*ƶeeȼ*^{e}*nìŋ*]
canzone	lied [*lit*]
cantare	zingen [*ƶìŋ*^{e}*n*]
cappella	kapel [*kaapèl*]
chiesa	kerk [*kèrk*]
cattedrale	kathedraal [*kaateedraal*]
duomo	dom [*dòm*]
moschea	moskee [*mòskee*]
sinagoga	synagoge [*sinaaȼooȼ*^{e}]
tempio	tempel [*tèmp*^{e}*l*]
cimitero	kerkhof [*kèrkhòf*]
comunione	communie [*kòmüni*]
confessione	biecht [*biȼt*]
coro	koor [*koor*]
crocefisso	kruis [*kröìs*]
culto	eredienst [*eer*^{e}*dinst*]
Dio	God [*ȼòt*]
ecumene	oecumene [*ökümeen*^{e}]
funerale	begrafenis [*b*^{e}*ȼraaf*^{e}*nìs*]
messa	mis, eucharistieviering [*mìs, öȼaarìstivirìŋ*]
organo	orgel [*òrȼ*^{e}*l*]
predica	preek [*preek*]
predicare	preken [*preek*^{e}*n*]
preghiera	gebed [*ȼ*^{e}*bèt*]
pregare	bidden [*bìd*^{e}*n*]
religione	godsdienst [*ȼòtsdinst*]
cristianesimo	christendom [*krìst*^{e}*ndòm*]
religione buddista	boedisme [*budìsm*^{e}]
religione cattolica	katholieke godsdienst [*kaatoolik*^{e} *ȼòtsdinst*]
religione ebraica	israelitische godsdienst [*ìsraaeelitis*^{e} *ȼòtsdinst*]
religione musulmana	mohamedaanse godsdienst [*moohaameedaans*^{e} *ȼòtsdinst*]
religione protestante	protestantse godsdienst [*prootèstànts*^{e} *ȼòtsdinst*]
sacerdote	priester [*prist*^{e}*r*]
arcivescovo	aartsbisschop [*aartsbìsȼòp*]

cardinale	kardinaal [*kàrdinaal*]
papa	paus [*paus*]
parocco	pastoor [*pàstoor*]
pastore	dominee [*doominee*]
prete	priester [*pristᵉr*]
rabbino	rabbijn [*ràbèin*]
vescovo	bisschop [*bìs¢òp*]
sacramenti	sacramenten [*saakraamèntᵉn*]
salmo	psalm [*psàlm*]

Dov'è una **chiesa cattolica/chiesa protestante/sinagoga/moschea?**	Waar is een **katholieke kerk/protestantse kerk/ synagoge/moskee?** [*vaar ìs ᵉn kaatoolikᵉ kèrk/prootèstàntsᵉ kèrk/sinaa¢oo¢ᵉ/mòskee?*]
Qual è l'orario delle messe domenicali?	Hoe laat zijn op zondag de eucharistievieringen? [*hu laat ʒèin òp ʒòndà¢ dᵉ ö¢aarìsti-virìŋᵉn?*]
Vorrei confessarmi. C'è un prete che parli italiano?	Ik wil graag biechten. Is er een priester die Italiaans spreekt? [*ìk vìl ¢raa¢ bi¢tᵉn. ìs èr ᵉn pristᵉr di itaaliaans spreekt?*]
Ci tengono concerti in chiesa?	Worden er concerten in de kerk gehouden? [*vòrdᵉn èr kònsèrtᵉn ìn dᵉ kèrk ¢ᵉhaudᵉn?*]

AL MARE E IN CAMPAGNA

È utile sapere che:
In Olanda la differenza tra alta marea e bassa marea è notevole; è bene, quindi, tenerne conto. Vicino ai porti e alle spiagge sono esposte delle tabelle con gli orari delle maree.

abbronzarsi	bruin worden [*bröìn vòrd^{e}n*]
acqua	water [*vaat^{e}r*]
albero	boom [*boom*]
animale	dier [*dir*]
animale domestico	huisdier [*höìsdir*]
cane	hond [*hònt*]
gatto	kat [*kàt*]
animale da fattorie	dieren van de boerderij [*dir^{e}n vàn d^{e} burd^{e}rèi*]
capra	geit [*¢èit*]
cavallo	paard [*paart*]
coniglio	konijn [*koonèin*]
gallo	haan [*haan*]
gallina	kip [*kìp*]
pulcino	kuiken [*köìk^{e}n*]
maiale	varken [*vàrk^{e}n*]
mucca	koe [*ku*]
tacchino	kalkoen [*kàlkun*]
toro	stier [*stir*]
animali selvatici	dieren die in het wild leven [*dir^{e}n di ìn hèt vilt leev^{e}n*]
cervo	hert [*hèrt*]
cinghiale	everzwijn [*eev^{e}rƶvèin*]
lepre	haas [*haas*]
scoiattolo	eekhoorn [*eekhoorn*]
aria	lucht [*l^{ö}¢t*]
bagnino	badmeester [*bàtmeest^{e}r*] (piscina) strandwachter [*stràntvà¢ter*] (spiaggia)
fare un **bagno**	zwemmen [*ƶvèm^{e}n*]
barca	boot [*boot*]
barca a motore	motorboot [*moot^{e}rboot*]
barca a remi	roeiboot [*ruiboot*]
barca a vela	zeilboot [*ƶèilboot*]
canoa	kano [*kaanoo*]
yacht	jacht [*ià¢t*]

bosco	bos [*bòs*]
brughiera	heide [*hèidᵉ*]
cabina (piscina)	badhokje [*bàthòkiᵉ*]
cabina (spiaggia)	strandhuisje [*stрànthöìscᵉ*]
campagna	platteland [*plàtᵉlànt*]
campo	veld [*vèlt*]
canale	kanaal [*kaanaal*]
casa di campagna	buitenhuis [*böìtᵉnhöìs*]
castello	kasteel [*kàsteel*]
cielo	lucht [*lö¢t*]
collina	heuvel [*hövᵉl*]
conchiglia	schelp [*s¢èlp*]
contadino/contadina	boer/boerin [*bur/burìn*]
corrente	stroom [*stroom*]
cortile	erf [*èrf*]
costume da bagno	badpak [*bàtpàk*]
costume tradizionale	klederdracht [*kleedᵉrdrà¢t*]
diga	dijk [*dèik*]
duna	duin [*döìn*]
escursione	excursie [*èkskörƶi*]
faro	vuurtoren [*vürtoorᵉn*]
fattoria	boerderij [*burdᵉrèi*]
fiore	bloem [*blum*]
fiume	rivier [*rivir*]
frangiflutto	golfbreker [*¢òlfbreekᵉr*]
fuoco	vuur [*vür*]
gita	uitstapje [*öìtstàpiᵉ*]
isola	eiland [*èilànt*]
lago	meer [*meer*]
laghetto	ven [*vèn*]/vijver [*vèivᵉr*]
mare	zee [*ƶee*]
Mare del Nord	Noordzee [*noortƶee*]
mare interno	binnenzee [*bìnᵉnƶee*]
marea	getij [*¢ᵉtèi*]
alta marea	vloed [*vlut*]
bassa marea	eb [*èp*]
medusa	kwal [*kvàl*]
mulino	molen [*moolᵉn*]
mulino ad acqua	watermolen [*vaatᵉrmoolᵉn*]
mulino a vento	windmolen [*vìntmoolᵉn*]
nuotare	zwemmen [*ƶvèmᵉn*]
ombra	schaduw [*s¢aadüu*]

ombrellone	parasol [*paaraasòl*]
paesaggio	landschap [*làntsçàp*]
paesino	dorpje [*dòrpi*^{e}]
palude	moeras [*muràs*]
panorama	panorama [*paanooraamaa*]
parco di divertimenti	pretpark [*prètpàrk*]
passeggiata	wandeling [*vànd*^{e}*lìŋ*]
pesce	vis [*Vìs*]
pianta	plant [*plànt*]
picnic	picnic [*pìknìk*]
pineta	dennebos [*dèn*^{e}*bos*]
ponticello	bruggetje [*br*^{ö}*ç*^{e}*ti*^{e}]
prato	weiland [*vèilànt*]
riposare	uitrusten [*öìtr*^{ö}*st*^{e}*n*]
riserva naturale	natuurreservaat [*naatüreeƶèrVaat*]
sabbia	zand [*ƶànt*]
sedia a sdraio	ligstoel [*lìçstul*]
sentiero	pad [*pàt*]
siepe	haag [*haaç*]
spiaggia	strand [*strànt*]
stagno	vijver [*Vèiv*^{e}*r*]
stalla	stal [*stàl*]
strada di campagna	landweg [*làntvèç*]
uccello	vogel [*Vooç*^{e}*l*]
uccello migratore	trekvogel [*trèkVooç*^{e}*l*]
vacanza	**vakantie** [*Vaakàntsi*]
windsurf	**windsurf** [*vìnts*^{ö}*rf*]
tavola da surf	surfplank [*s*^{ö}*rfplànk*]
zoo	**dierentuin** [*dir*^{e}*ntöìn*]

> *verboden te zwemmen* = vietato nuotare

Che bella giornata, andiamo a fare **una passeggiata/un giro in bici?**	Wat een prachtige dag, laten we een **wandeling/een fietstocht** gaan maken [*vàt* ^{e}*n pràçtìç*^{e} *dàç, laat*^{e}*n v*^{e} ^{e}*n vànd*^{e}*lìŋ/*^{e}*n fitstòçt maak*^{e}*n*]
Vorrei visitare un villaggio caratteristico	Ik wil graag een typisch Nederlands stadje zien [*ìk vìl çraaç* ^{e}*n tipis need*^{e}*rlànts stàti*^{e} *ƶin*]
Vorrei portare i bambini a **uno zoo/un parco di divertimenti** ...	Ik wil graag met de kinderen naar een **dierentuin/pretpark**... gaan [*ìk vìl çraaç mèt d*^{e} *kìnd*^{e}*r*^{e}*n naar* ^{e}*n dir*^{e}*ntöìn/prètpàrk ... çaan*]

Si può nuotare qui, non è pericoloso?

Kan men hier veilig zwemmen?
[*kàn mèn hir vèilìç ȥvèm^{e}n?*]

Potrebbe tenermi d'occhio queste cose, per favore?

Kunt u even op mijn spullen letten, alstublieft?
[*k^{ö}nt ü eev^{e}n òp mèin sp^{ö}l^{e}n lèt^{e}n àstüblift?*]

Non voglio fare il bagno, l'acqua è gelida

Ik ga niet zwemmen, het water is ijskoud
[*ìk ¢aa nit ȥvèm^{e}n, hèt vaat^{e}r ìs èiskaut*]

Dove posso noleggiare ...?

Waar kan ik ... huren?
[*vaar kàn ìk ... hür^{e}n?*]

Quanto costa **all'ora/al giorno**

Hoeveel kost dat **per uur/per dag**
[*huveel kòst dàt pèr ür/pèr dàç?*]

Siamo sotto o sopra il livello del mare?

Zijn we onder of boven het zeeniveau?
[*ȥèin v^{e} ònd^{e}r òf boov^{e}n hèt ȥeenivoo?*]

Molto caratteristici del paesaggio olandese sono i *polder*, terreni "strappati" al mare e situati al di sotto del livello del mare. Gli ultimi nati fra i *polder* formano la dodicesima regione: *Flevoland*, situata nell'ex *Zuiderzee*.

XIII TEMPO LIBERO E SPORT

SVAGHI SERALI

NIGHT-CLUB E DISCOTECA

accompagnare	begeleiden [*b^{e}¢^{e}lèid^{e}n*]
ballare	dansen [*dàns^{e}n*]
bar	bar [*bàr*]
barista	barkeeper [*bàrkip^{e}r*]
bevanda alcoolica	sterke drank [*stèrk^{e} drànk*]
bevanda analcoolica	alcoholvrije drank [*àlkòhòlvrèi^{e} drànk*]
biglietto d'ingresso	entreebewijs [*àntreeb^{e}vèis*]
brindare	een toast uitbrengen [*^{e}n toost öìtbrèŋ^{e}n*]
brindisi	toast [*toost*]
cameriere/cameriera	kelner/serveerster [*kèln^{e}r/sèrveerst^{e}r*]
casinò	casino [*kaaẓinoo*]
complesso musicale	band [*bènt*]
consumazione	consumptie [*kònẓ^{ö}mpsi*]
disc-jockey	diskjockey [*dìsk djòki*]
discoteca	diskoteek [*dìskooteek*]
guardaroba	garderobe [*gàrd^{e}ròb^{e}*]
locale notturno	nachtclub [*nà¢tkl^{ö}p*]
night-club	nachtclub [*nà¢tkl^{ö}p*]
palcoscenico	podium [*poodi^{ö}m*]
pista da ballo	dansvloer [*dànsvlur*]
spogliarellista	striptease danseres [*strìptis dàns^{e}rès*]
spogliarello	striptease [*strìptis*]
spettacolo	show [*scioo*]
tavolo	tafel [*taaf^{e}l*]
Quanto costa l'entrata?	Hoeveel kost de entree? [*huveel kòst d^{e} àntree?*]
Che tipo di musica fanno?	Wat voor soort muziek is daar? [*vàt voor soort müẓik ìs daar?*]

Quante consumazioni sono comprese nel biglietto d'ingresso?	Hoeveel consumpties zijn in de entreeprijs inbegrepen? [*huveel kònz^{ö}mpsis zèin ìn d^{e} àntreeprèis ìnb^{e}¢reep^{e}n?*]
Come mai è obbligatorio lasciare il cappotto in guardaroba?	Waarom is het verplicht je jas in de garderobe af te geven? [*vaaròm ìs hèt vèrplì¢t i^{e} iàs ìn d^{e} ¢àrd^{e}ròb^{e} àf t^{e} ¢eev^{e}n?*]
Vuoi bere qualcosa?	Wil je iets drinken? [*vìl i^{e} its drìnk^{e}n?*]
Andiamo a prendere qualcosa al bar?	Laten we iets aan de bar gaan drinken [*laat^{e}n v^{e} its aan d^{e} bàr ¢aan drìnk^{e}n?*]
Andiamo a sederci?	Zullen we gaan zitten? [*z^{ö}l^{e}n v^{e} ¢aan zìt^{e}n?*]
Hai voglia di ballare?	Wil je dansen? [*vìl i^{e} dàns^{e}n*]
Mi piace molto questa musica	Ik hou erg van deze muziek [*ìk hau èr¢ vàn deez^{e} müzik*]
Vorrei prenotare un tavolo vicino al palcoscenico	Ik wil een tafel bij het podium reserveren [*ìk vìl ^{e}n taaf^{e}l bèi h^{e}t poodi^{ö}m reezèr-veer^{e}n*]
Cameriera, mi porti una bottiglia di champagne	Juffrouw, een fles champagne graag [*i^{ö}frau, ^{e}n flès scàmpàñ^{e} ¢raa¢*]
Cin cin!	Proost! [*proost*]
Dov'è la toilette?	Waar is het toilet? [*vaar ìs hèt tvaalèt?*]
Mi chiami un tassì, per favore?	Kunt u een taxi voor me bellen? [*k^{ö}nt ü ^{e}n tàksi voor m^{e} bèl^{e}n?*]
L'accompagno a casa io, se vuole	Ik breng u wel naar huis, als u wilt [*ìk brèŋ ü vèl naar höìs, àls ü vìlt*]

acustica	akoestiek [*aakustik*]
applauso	applaus [*àplaus*]
applaudire	applaudisseren [*àplaudiseer^{e}n*]
atto	akte [*àkt^{e}*]
attore/attrice	acteur/actrice [*àktör/àktris^{e}*]
ballerino/ballerina	balletdanser/balletdanseres [*bàlètdàns^{e}r/bàlètdàns^{e}rès*]
balletto	ballet [*bàlèt*]
biglietto	kaartje [*kaarti^{e}*]
biglietto a prezzo ridotto	kaartje tegen gereduceerde prijs [*kaarti^{e} tee¢^{e}n ¢^{e}reedüseerd^{e} prèis*]
cabaret	cabaret [*kaabaarè*]
cabarettista	cabaretier [*kaabaarètiee*]
cantante	zanger/zangeres [*ʐàŋ^{e}r/ʐàŋ^{e}rès*]
cantare	zingen [*ʐìŋ^{e}n*]
contralto	alt [*àlt*]
mezzo soprano	tweede sopraan [*tveed^{e} soopraan*]
soprano	sopraan [*soopraan*]
basso	bas [*bàs*]
baritono	bariton [*baaritòn*]
tenore	tenor [*t^{e}noor*]
cartone animato	tekenfilm [*teek^{e}nfìlm*]
cinema	bioscoop [*biòskoop*]/film [*fìlm*]
cinema all'aperto	openluchtbioscoop [*oop^{e}nl^{ö}¢tbiòskoop*]
colonna sonora	soundtrack [*sauntrèk*]
commedia	blijspel [*blèispèl*]
compagnia teatrale	toneelgezelschap [*tooneel¢^{e}ʐèls¢àp*]
comparsa	figurant [*fi¢üрànt*]
compositore	componist [*kòmpoonìst*]
concerto	concert [*kònsèrt*]
coro	koor [*koor*]
corpo di ballo	balletgroep [*bàlèt¢rup*]
costume	costuum [*kòstüm*]
direttore d'orchestra	dirigent [*diri¢ènt*]
dirigere	dirigeren [*diri¢eer^{e}n*]
documentario	documentaire [*dooküмàntèr^{e}*]
doppiaggio	nasynchronisering [*naasìn¢rooniseerìŋ*]
dramma	toneelstuk [*tooneelst^{ö}k*]
esecuzione	uitvoering [*öìtvurìŋ*]
eseguire	uitvoeren [*öìtvur^{e}n*]
fila	rij [*rèi*]
film muto	stomme film [*stòm^{e} fìlm*]
fischiare	fluiten [*flöìt^{e}n*]
foyer	foyer [*fuàee*]

galleria	balkon [*bàlkòn*]
guardaroba	vestiaire [*vèstièr^e*]
ingresso	ingang [*ìn¢àŋ*]
intervallo	pauze [*pauȥ^e*]
interpretazione	vertolking [*v^{e}rtòlkìŋ*]
loggione	engelenbak [*èŋ^{e}l^{e}nbàk*]
luci	lichten [*lì¢t^{e}n*]
messa in scena	mise-en-scène [*miȥ àn sèn^e*]
musica	muziek [*müȥik*]
musica da camera	kamermuziek [*kaam^{e}rmüȥik*]
musica lirica	operamuziek [*oopeeraamüȥik*]
nota musicale	muzieknoot [*müȥiknoot*]
opera	opera [*oopeeraa*]
operetta	operette [*oop^{e}rèt^e*]
orchestra	orkest [*òrkèst*]
palco	loge [*lòj^e*]
palcoscenico	podium [*poodi^{ö}m*]
parte	rol [*ròl*]
personaggio	personage [*pèrsoonaaj^e*]
platea	parterre [*pàrtèr^e*]
poltrona	fauteuille [*footöì*]
posto	plaats [*plaats*]
prenotare	reserveren [*reeȥèrveer^{e}n*]
programma	programma [*proo¢ràmaa*]
proiezione	filmvertoning [*vèrtoonìŋ*]
pubblico	publiek [*püblik*]
quinte	coulissen [*kulìs^{e}n*]
rappresentazione	voorstelling [*voorstèlìŋ*]
recita	toneeluitvoering [*tooneelöìtvurìŋ*]
recitare	spelen [*speel^{e}n*]
regista	regisseur [*ree¢isör*]
regia	regie [*ree¢i*]
ripresa	opname [*òpnaam^e*]
sala da concerti	concertzaal [*kònsèrtȥaal*]
sala cinematografica	filmzaal [*filmȥaal*]
scena	toneel [*tooneel*]
scenografia	decor [*deekòr*]
schermo	scherm [*s¢èrm*]
sinfonia	symfonie [*sìmfooni*]
sipario	doek [*duk*]
solista	solist [*soolìst*]
sottotitoli	ondertitels [*ònd^{e}rtit^{e}ls*]
spartito	partituur [*pàrtitür*]

spettacolo	schouwspel [*s¢auspèl*]
suggeritore	souffleur [*suflör*]
suonare	spelen (di strumenti musicali) [*speel^{e}n*]
teatro	toneel [*tooneel*]
teatro (edificio)	theater [*teeaat^{e}r*]/schouwburg [*s¢aub^{o}r¢*]
tecnico del suono	geluidstechnicus [*¢^{e}löitstè¢nik^{ö}s*]
tempo (parte)	deel [*deel*]
tempo (musica)	maat [*maat*]
timbro	timbre [*tèmbr^{e}*]
titolo	titel [*tit^{e}l*]
tragedia	treurspel [*trörspèl*]
trama	verhaal [*vèrhaal*]
varietà	varieté [*vaarieetee*]

uitverkocht = esaurito

Ha un programma degli spettacoli di questa settimana?	Heeft U een programma van de culturele evenementen van deze week? [*heeft ü ^{e}n proo¢ràmaa vàn d^{e} kültüreel^{e} eeveen^{e}mènt^{e}n vàn deeẓ^{e} veek*?]
A che ora comincia **lo spettacolo/il concerto**? Quanto dura?	Hoe laat begint de **voorstelling/het concert**? Hoelang duurt het? [*hu laat b^{e}¢ìnt d^{e} voorstèlìŋ/hèt kònsèrt? hulàŋ dürt hèt*?]
Ci sono ancora dei biglietti per **stasera/domani sera**?	Zijn er nog kaartjes voor **vanavond/morgenavond**? [*ẓèin èr nò¢ kaarti^{e}s voor vànaavònt/mòr¢^{e}naavònt*?]
Per favore, due posti in **galleria/palco**	Twee **parterre/loge** [*tvee pàrtèr^{e}/lòj^{e}*]
Che cosa danno al cinema Tuschinsky stasera?	Welke film draait er vanavond in Tuschinsky? [*vèlk^{e} film draait èr vànaavònt ìn tuscìns-ki*?]
In Italia i film stranieri sono sempre doppiati	In Italië zijn de films altijd nagesynchroniseerd [*ìn itaali^{e} ẓèin d^{e} films àltèit naa¢^{e}-sìn¢rooniẓeert*]

STRUMENTI MUSICALI

arpa	harp [*hàrp*]
batteria	drumstel [*dr^{ö}mstèl*]
bongos	bongo's [*bòngoos*]
chitarra	gitaar [*¢itaar*]
chitarra classica	klassieke gitaar [*klàsik^{e} ¢itaar*]
chitarra elettrica	elektrische gitaar [*eelèktris^{e} ¢itaar*]
clarinetto	klarinet [*klaarinèt*]
clavicembalo	clavecimbel [*klaav^{e}sìmb^{e}l*]
contrabbasso	contrabas [*kòntraabàs*]
corno	hoorn [*hoorn*]
fagotto	fagot [*faa¢òt*]
fisarmonica	accordeon [*aakòrdeeòn*]
flauto	fluit [*flöìt*]
flauto dolce	blokfluit [*blòkflöìt*]
flauto traverso	dwarsfluit [*dvàrsflöìt*]
oboe	hobo [*hooboo*]
organetto	draaiorgel [*draaiòr¢^{e}l*]
organo	orgel [*òr¢^{e}l*]
organo elettrico	elektronisch orgel [*eelèktroonis òr¢^{e}l*]
pianoforte	piano [*piaanoo*]
pianoforte a coda	vleugel [*vlö¢^{e}l*]
piatti	bekken [*bèk^{e}n*]
sassofono	saxofoon [*sàksoofoon*]
sintetizzatore	synthesizer [*sìnt^{e}saaiz^{e}r*]
tastiera	keyboard [*kibòrt*]
timpano	pauk [*pauk*]
tromba	trompet [*tròmpèt*]
trombone	trombone [*tròmboon^{e}*]
viola	altviool [*àltviool*]
violino	viool [*viool*]
violoncello	cello [*sèloo*]
xilofono	xylofoon [*ksiloofoon*]

SPORT

alpinismo	alpinisme [*àlpinìsm*^{e}]
atletica	atletiek [*àtleetik*]
automobilismo	autosport [*autoospòrt*]
biliardo	biljard [*bìliàrt*]
badminton (volano)	badminton [*bètmìntòn*]
bowling	bowling [*booulìŋ*]
bridge	bridge [*brìtsc*]
caccia	jacht [*ià¢t*]
calcio	voetbal [*ꝟutbàl*]
canottaggio	roeien [*rui*^{e}*n*]
ciclismo	wielersport [*vil*^{e}*rspòrt*]
equitazione	paardrijden [*paartrèid*^{e}*n*]
ginnastica	gymnastiek [*¢ìmnaastik*]
golf	golf [*¢òlf*]
minigolf	midgetgolf [*mìdj*^{e}*t¢òlf*]
hockey sul ghiaccio	ijshockey [*èishòki*]
hockey sul prato	hockey [*hòki*]
motociclismo	motorsport [*moot*^{e}*rspòrt*]
nuoto	zwemmen [*ƶvèm*^{e}*n*]
pallacanestro	basketbal [*bàsk*^{e}*tbàl*]
pallanuoto	waterpolo [*ꝟaat*^{e}*rpooloo*]
pallavolo	volleybal [*ꝟòlibàl*]
paracadutismo	parachutespringen [*paaraasciütsprìŋ*^{e}*n*]
pattinaggio	schaatsen [*s¢aats*^{e}*n*]
pattinaggio artistico	kunstschaatsen [*k*^{ö}*nsts¢aats*^{e}*n*]
pattinaggio a rotelle	rolschaatsen [*ròls¢aats*^{e}*n*]
pesca sportiva	sportvissen [*spòrtꝟìs*^{e}*n*]/hengelsport [*hèŋ*^{e}*lspòrt*]
ping pong	ping-pong [*pìŋ-pòŋ*]
polo	polo [*pooloo*]
pugilato	boksen [*bòks*^{e}*n*]
scacchi	schaken [*s¢aak*^{e}*n*]
scherma	schermen [*s¢èrm*^{e}*n*]
sci	skiën [*ski*^{e}*n*]
sci nautico	waterskiën [*ꝟaat*^{e}*rski*^{e}*n*]
vela	zeilen [*ƶèil*^{e}*n*]
volo a vela	zweefvliegen [*ƶveefꝟli¢*^{e}*n*]
windsurf	(wind)surf [*(vìnt)s*^{ö}*rf*]

Che sport pratichi?	Wat voor sport doe jij? [*vàt Voor spòrt du ièi?*]
Il mio sport preferito è …	Mijn favoriete sport is … [*mèin faaVoorit^{e} spòrt ìs…*]
C'è una gara automobilistica in questi giorni all'autodromo di Zandvoort?	Is er in deze periode een autorace op het circuit van Zandvoort? [*ìs èr ìn deeȥ^{e} peeriood^{e} ^{e}n autoorees òp hèt sìrkvi Vàn ȥàntVoort?*]
Vogliamo fare una **partita di scacchi/bridge/canasta**?	Zullen we een **partijtje schaak**/een spelletje **bridge/ canasta** spelen? [*ȥ^{ö}l^{e}n v^{e} ^{e}n pàrteiti^{e} s¢aak/^{e}n spèl^{e}ti^{e} brìtsc/kaanàstaa speel^{e}n?*]
Stasera c'è una partita di calcio allo stadio di …?	Is er vanavond een voetbalwedstrijd in het stadion van…? [*ìs èr Vànaavònt ^{e}n Vutbàlvètstrèit ìn hèt staadiòn Vàn…?*]
Io sono un tifoso della squadra …	Ik ben supporter van de … club [*ìk bèn süpòrt^{e}r Vàn d^{e} … kl^{ö}p*]
Possiamo fare una passeggiata a cavallo nel bosco?	Kunnen we een rit te paard in het bos maken? [*k^{ö}n^{e}n v^{e} ^{e}n rìt t^{e} paart ìn hèt bòs maak^{e}n?*]
Dove si può giocare a minigolf?	Waar kun je midgetgolf spelen? [*vaar k^{ö}n i^{e} mìdj^{e}t¢òlf speel^{e}n?*]
C'è una piscina **coperta/all'aperto** qui? L'acqua è riscaldata?	Is er hier een **overdekt/openlucht** zwembad? Is het water verwarmd? [*ìs èr hir ^{e}n ooV^{e}rdèkt/oop^{e}nl^{ö}¢t ȥvèmbàt? is hèt vaat^{e}r V^{e}rvàrmt?*]
È vero che d'inverno si può pattinare sui canali in città?	Is het waar dat je 's winters op de grachten kunt schaatsen? [*ìs hèt vaar dàt je svìnt^{e}rs òp d^{e} ¢ràct^{e}n k^{ö}nt s¢aats^{e}n?*]
C'è una pista di pattinaggio in città?	Is er hier in de stad een ijsbaan? [*ìs èr hir ìn d^{e} stàt ^{e}n èisbaan?*]
È necessario avere una licenza per poter pescare qui?	Heb je een vergunning nodig om hier te vissen? [*hèp i^{e} ^{e}n Vèr¢^{ö}nìŋ nood^{e}¢ òm hir t^{e} Vìs^{e}n?*]

Devo prenotare il campo da tennis? Quanto costa all'ora?

Moet ik de tennisbaan reserveren? Wat kost dat per uur?
[*mut ìk d^e^ tènìsbaan reezèrveer^e^n? vàt kòst dàt pèr ür?*]

È possibile prendere delle lezioni di windsurf/**lezioni di vela**?

Kun je hier **surflessen/zeillessen** nemen?
[*k^ö^n i^e^ hir sörflès^e^n/zèillès^e^n neem^e^n?*]

Vorrei noleggiare una barca a vela

Ik wil graag een zeilboot huren
[*ìk vìl çraaç ^e^n zèilboot hür^e^n*]

Ci sono delle regate in questo periodo?

Zijn er in deze periode zeilwedstrijden?
[*zèin èr ìn deez^e^ peeriood^e^ zèilvètstrèid^e^n?*]

Uno sport tipico della zona intorno al *Waddenzee* (i bassi fondali situati tra le isole Frisone e il continente) è il *wadlopen*: un'attraversata a piedi del *Waddenzee* che si può fare esclusivamente accompagnato da una guida durante la bassa marea. (Informarsi presso i VVV locali).

XIV RAPPORTI UMANI

amicizia	vriendschap [*vrintsçàp*]
amico/amica	vriend/vriendin [*vrint/vrindìn*]
amici/amiche	vrienden [*vrind^{e}n*]
amare	houden van [*haud^{e}n vàn*]
amore	liefde [*lifd^e*]
amoreggiare	vrijen [*vrèi^{e}n*]
fare l'amore	vrijen [*vrèi^{e}n*]/met elkaar naar bed gaan [*mèt èlkaar naar bèt çaan*]
baciare	kussen [*k^{ö}s^{e}n*]
bacio	kus [*k^{ö}s*], zoen [*ƶun*]
celibe	vrijgezel [*vrèiç^{e}ƶèl*]
cognato/cognata	zwager/schoonzus [*ƶvaaç^{e}r/sçoonƶ^{ö}s*]
coniugi	echtgenoten [*èçtç^{e}noot^{e}n*]
marito	man [*màn*]
moglie	vrouw [*vrau*]
cugino/cugina	neef/nicht [*neef/nìçt*]
famiglia	gezin [*ç^{e}ƶìn*]
la famiglia X	de familie X [*d^e faamili X*]
fidanzamento	verloving [*v^{e}rloovìŋ*]
fidanzarsi	zich verloven [*ƶìç v^{e}rloov^{e}n*]
fidanzato/fidanzata	verloofde [*v^{e}rloovd^e*]
figlio/figlia	zoon/dochter [*ƶoon/dòçt^{e}r*]
figli/figlie	zonen/dochters [*ƶoon^{e}n/dòçt^{e}rs*]
fratello	broer [*brur*]
gemelli	tweelingen [*tveelìŋ^{e}n*]
genero	schoonzoon [*sçoonƶoon*]
genitori	ouders [*aud^{e}rs*]
madre	moeder [*mud^{e}r*]
padre	vader [*vaad^{e}r*]
matrimonio	huwelijk [*hüul^{e}k*]
nipote di zio	neef/nicht [*neef/nìçt*]
nipote di nonno	kleinkind [*klèinkìnt*]
nonni	grootouders [*çrootaud^{e}rs*]
nonna/nonno	oma/opa [*oomaa/oopaa*]
nubile	ongehuwde vrouw [*ònç^{e}hüud^e vrau*]
nuora	schoondochter [*sçoondòçt^{e}r*]
parente	familielid [*faamililìt*]
il mio **ragazzo**/ la mia **ragazza**	mijn **vriend**/mijn **vriendin** [*mèin vrint/mèin vrindìn*]

scapolo	vrijgezel [*vrèiç ezèl*]
sorella	zus [*zös*]
sposare	trouwen [*trauen*]
suoceri	schoonouders [*sçoonauders*]
suocero/suocera	schoonvader/schoonmoeder [*sçoonvaader/sçoonmuder*]
zii	ooms en tantes [*ooms èn tàntes*]
zio/zia	oom/tante [*oom/tànte*]
Siamo grandi amici	Wij zijn dikke vrienden [*vèi zèin dìke vrinden*]
Ci conosciamo già da tanti anni	We kennen elkaar al jaren [*ve kènen èlkaar àl iaaren*]
Possiamo rivederci domani?	Zien we elkaar morgen weer? [*zin ve èlkaar mòrçen veer?*]
Mi sono innamorato/a di te	Ik ben verliefd op jou [*ìk bèn verlift òp iau*]
Tu mi piaci moltissimo	Ik vind jou heel erg aardig [*ìk vìnt iau heel èrç aardeç*]
Posso avere il tuo numero di telefono?	Kan ik jouw telefoonnummer hebben? [*kàn ìk iau teeleefoonömer hèben?*]
Siamo in viaggio di nozze	Wij zijn op huwelijksreis [*vèi zèin òp hüuleksrèis*]
Lei è sposato/sposata?	Bent u getrouwd? [*bènt ü çetraut?*]
Lei ha figli? Quanti?	Heeft u kinderen? Hoeveel? [*heeft ü kìnderen? huveel?*]

XV SIGLE E ABBREVIAZIONI

Afz.	afzender	mittente
ANWB	Algemene Nederlandse Wielrijdersbond	equivalente ACI
a.s.	aanstaande	p.v. (prossimo venturo)
a.u.b.	alstublieft	prego/per favore
blz.	bladzijde	pagina
BTW	Belasting Toegevoegde Waarde	IVA
b.v.	bijvoorbeeld	per esempio
CS	Centraal Station	Stazione Centrale
Dhr.	de heer	il signor
d.w.z.	dat wil zeggen	cioè
EHBO	Eerste Hulp Bij Ongelukken	Pronto Soccorso
enz.	enzovoort	eccetera
excl.	exclusief	escluso
GGD	Gemeentelijke Geneeskundige Dienst	emergenza sanitaria/ servizio sanitario
GWK-bank	Grenswisselkantooren	Ufficio Cambio di Frontiera
Incl.	Inclusief	Incluso/inclusivo
Inl.	Inlichtingen	Informazioni
j.l.	jongstleden	u.s. (ultimo scorso)
mevr.	mevrouw	signora/ signorina
NBT	Nederlands Bureau voor Toerisme	Ente Nazionale Olandese del Turismo
NJHC	Nederlandse Jeugdherberg Centrale	organizzazione olandese degli ostelli della gioventù
NL	Nederland	Olanda
nl	namelijk	ovvero
n.m.	namiddag	pomeridiano
no.	nummer	numero
NS	Nederlandse Spoorwegen	Ferrovie Olandesi
p.a. p/a	per adres	c/o, presso
PTT	Post Telegraaf Telefoon	Posta Telefono Telegrafo
r.-k.	rooms katholiek	cattolico romano
St.	Sint	Santo/a
s.v.p.	s'il vous plaît	per favore
v.m.	voormiddag	antimeridiano
VVV	Vereniging voor Vreemdelingenverkeer	ente turistico olandese
WW	Wegenwacht	soccorso stradale
z.o.z.	zie ommezijde	vedi retro

XVI NUMERI TELEFONICI UTILI

Pronto intervento	0611
Soccorso stradale	06088
Emergenze	112

Ambasciata Italiana 070-3021030
Alexanderstraat, 12 - 2514 JL - L'Aia

Consolato Italiano 020-5502050
Vijzelstraat, 79 (III piano) 1017 HG - Amsterdam

XVII GRAMMATICA

ARTICOLO

	singolare	*plurale*
Determinativo:	de/het [*d^e/hèt*]	de [*d^e*]
Indeterminativo:	een [*^en*]	---

Esempio:

de vader, [*d^e vaad^er*]	il padre	**de** vaders [*d^e vaad^ers*]	i padri
de moeder [*d^e mud^er*]	la madre	**de** moeders [*d^e mud^ers*]	le madri
het boek [*hèt buk*]	il libro	**de** boeken [*d^e buk^en*]	i libri
een boek [*^en buk*]	un libro	**de** boeken [*d^e buk^en*]	i libri

SOSTANTIVO

I sostantivi si dividono in due categorie:

- quelli preceduti dall'articolo **de** (di genere grammaticale maschile o femminile).
  NB In molti dizionari queste parole sono seguite da una *m.* (maschile) oppure da una *v.* (femminile)

- quelli preceduti dall'articolo **het** (di genere grammaticale neutro).
  NB In molti dizionari queste parole sono seguite da una *o.* (neutro).

Nella lingua di tutti i giorni spesso non si distingue tra parole femminili e maschili.

PLURALE

Il plurale dei sostantivi si forma aggiungendo al singolare:
- **(e)n** oppure **-s**

1) Plurale in **-(e)n**

het boek	de boek**en**	il libro/i libri
[*hèt buk*]	[d^e buk^en]	
de geleerde	de geleerde**n**	lo scienziato/gli scienziati
[d^e $¢^eleerd^e$]	[d^e $¢^eleerd^en$]	

a) I sostantivi che terminano con una sillaba a doppia vocale ne perdono una, quando si aggiunge -en

het **uur**	de **u**ren	l'ora/le ore
[*hèt ür*]	[d^e $ür^en$]	
de n**aa**m	de n**a**men	il nome/i nomi
[d^e *naam*]	[d^e $naam^en$]	

b) I sostantivi che terminano con una sillaba con suono breve, raddoppiano la consonante finale

de sto**k**	de sto**kk**en	il bastone/i bastoni
[d^e *stòk*]	[d^e $stòk^en$]	
de ma**n**	de ma**nn**en	l'uomo/gli uomini
[d^e *màn*]	[d^e $màn^en$]	

c) I sostantivi che terminano in -f oppure -s, cambiano questa consonante

de die**f**	de die**v**en	il ladro/i ladri
[d^e *dif*]	[d^e div^en]	
de prijs	de prij**z**en	il prezzo/i prezzi
[d^e *prèis*]	[d^e $prèiẓ^en$]	

2) Plurale in -s.

Formano il plurale aggiungendo **-s** i sostantivi che terminano in **-el**, **-em**, **-en**, **-er**, **-erd**, **-aar** o **-je** (diminutivo), quando su queste sillabe non cade l'accento della parola.

de dokt**er**	de dokt**ers**	il dottore/i dottori
[d^e $dòkt^er$]	[d^e $dòkt^ers$]	
het meis**je**	de meis**jes**	la ragazza/le ragazze
[*hèt* $mèisc^e$]	[d^e $mèisc^es$]	

NB Alcune eccezioni tra le parole più usate:

de auto	**de auto's**	l'auto/le auto
[d^e *autoo*]	[d^e *autoos*]	
de taxi	**de taxi's**	il taxi/i taxi
[d^e *tàksi*]	[d^e *tàksis*]	

de st**a**d	de st**e**den	la città/le città
[*d*^{e} *stàt*]	[*d*^{e} *steed*^{e}*n*]	
het ei	de ei**eren**	l'uovo/le uova
[*hèt èi*]	[*d*^{e} *èi*^{e}*r*^{e}*n*]	
het kind	de kind**eren**	il bambino/i bambini
[*hèt kìnt*]	[*d*^{e} *kìnd*^{e}*r*^{e}*n*]	

DIMINUTIVO

Il diminutivo si forma aggiungendo **-je** [*i*^{e}] alla fine della parola
il diminutivo è sempre neutro

de hond	**het** hond**je**	il cane/il cagnolino
[*d*^{e} *hònt*]	[*hèt hònti*^{e}]	
het huis	het huis**je**	la casa/la casetta
[*hèt höìs*]	[*hèt höìsc*^{e}]	

NB Nella lingua olandese il diminutivo viene usato moltissimo, non soltanto per indicare qualcosa di piccolo, ma anche, ad esempio, per esprimere un apprezzamento.

een lekker bier**tje**	una buona birra
[*een lèk*^{e}*r birti*^{e}]	
een heerlijk kop**je** koffie	una buona tazza di caffè
[^{e}*n heerl*^{e}*k kòpi*^{e} *kòfi*]	

AGGETTIVO

Generalmente prende una **-e** se l'aggettivo precede il sostantivo:

aardig = simpatico	de aardig**e** man	l'uomo simpatico
[*aard^{e}¢*]	[*d^{e} aard^{e}¢^{e} màn*]	
mooi = bello	het mooi**e** meisje	la bella ragazza
[*mooi*]	[*hèt mooi^{e} mèisc^{e}*]	
jong = giovane	een jong**e** hond	un cane giovane
[*iòŋ*]	[*een iòŋ^{e} hònt*]	
oud = vecchio	oud**e** mensen	persone anziane
[*aut*]	[*aud^{e} mèns^{e}n*]	

Attenzione: l'aggettivo non prende la **-e** nei seguenti casi:

a) quando l'aggettivo viene dopo il sostantivo come predicato nominale:
de man is **aardig** — l'uomo è simpatico
[*d^{e} màn ìs aard^{e}¢*]

b) quando l'aggettivo è riferito a sostantivi neutri e
1) non è preceduto da un articolo, oppure
2) è preceduto, per esempio, da **een** (uno) o **geen** (non … alcuno, non)

Esempio:

1) **slecht** weer [*slè¢t veer*] — brutto tempo
2) **een klein** hondje — un cagnolino piccolo
[*^{e}n klèin honti^{e}*]
dit is **geen mooi** huis — questa non è una bella casa
[*dìt ìs ¢een mooi höìs*]

NB Anche per l'aggettivo vale quanto spiegato ai punti a), b), c) del SOSTANTIVO, quindi:

groot = grande	de grote man	l'uomo grande
nat = bagnato	de natte straat	la strada bagnata
lief = carino	het lieve meisje	la ragazza carina
vies = sporco	de vieze stad	la città sporca

AGGETTIVI E PRONOMI

PRONOMI PERSONALI

in funzione di soggetto			in funzione di oggetto		
ik	[*ìk*]	io	**mij, me**	[*mèi, m*^{e}]	me/mi
jij, je	[*ièi, i*^{e}]	tu	**jou/je**	[*iau, i*^{e}]	te/ti
u	[*ü*]	Lei, Loro	**u**	[*ü*]	Lei/Le/Loro
hij	[*hèi*]	egli	**hem**	[*hèm*]	lui/gli
zij, ze	[*ʐèi, ʐ*^{e}]	ella	**haar**	[*haar*]	lei/le
het, 't	[*hèt,* ^{e}*t*]	esso	**het, 't**	[*hèt,* ^{e}*t*]	lo
wij, we	[*vèi, v*^{e}]	noi	**ons**	[*òns*]	noi
jullie	[*i*^{ö}*li*]	voi	**jullie,**	[*i*^{ö}*li*]	voi
zij, ze	[*ʐèi, ʐ*^{e}]	essi/esse	**hen/hun/ze**	[*hèn, h*^{ö}*n, ʐ*^{e}]	loro

AGGETTIVI POSSESSIVI

mijn	[*mèin*]	mio/a/e/miei
jouw,je	[*iau, i*^{e}]	tuo/a/e/tuoi
zijn	[*ʐèin*]	suo/a/e/suoi (di lui)
haar	[*haar*]	suo/a/e/suoi (di lei)
onze/ons	[*ònʐ*^{e}*/òns*]	nostro/a/i/e
jullie, je	[*i*^{ö}*li, i*^{e}]	vostro/a/i/e
hun	[*h*^{ö}*n*]	loro

Osservazioni:

Jij,je, - zij,ze, - wij,we, - het, 't generalmente vengono usati indifferentemente, ma per sottolineare l'importanza del pronome nella frase bisogna scegliere la prima forma.

Ons nel significato di "nostro" viene usato quando il sostantivo è neutro e singolare: **ons** boek, il nostro libro. Negli altri casi si usa **onze**.

Nella lingua olandese moderna, specialmente in quella parlata, le forme di **hen, hun** e **ze** vengono spesso usate indifferentemente, anche se ciò non è corretto.

U viene usato per la forma di cortesia, sia singolare sia plurale e viene considerato quasi sempre **2ª pers. sing.** Per esempio: **u bent** = Lei è, Voi (plurale) siete.

La scelta tra **zijn** e **haar** non viene determinata dal genere del sostantivo, bensì dalla persona che possiede l'oggetto:

De **jongen** heeft **zijn** boek betaald — Il ragazzo ha pagato il **suo** libro
[*d*^{e} *iòŋ*^{e}*n heeft ʐèin buk b*^{e}*taalt*]

Het **meisje** heeft **haar** boek betaald *[hèt mèisc^{e} heeft haar buk b^{e}taalt]*	La ragazza ha pagato il **suo** libro

Gli aggettivi possessivi sono invariabili e mai preceduti da articolo

mijn boek *[mèin buk]*	il **mio** libro	**mijn** boeken *[mèin buk^{e}n]*	i **miei** libri

AGGETTIVI E PRONOMI INTERROGATIVI

Wie is die man? *[vi ìs di màn?]*	Chi è quell'uomo?
Wat zeg jij? *[vàt ȥèc ièi?]*	**Che cosa** dici?
Welke trein moet ik nemen? (**de** trein) *[vèlk^{e} trèin mut ìk neem^{e}n?]*	**Quale** treno devo prendere?
Welk boek lees jij? (**het** boek) *[vèlk buk lees ièi?]*	**Quale** libro leggi?
Welke boeken lees jij? *[vèlk^{e} buk^{e}n lees ièi?]*	**Quali** libri leggi?

AGGETTIVI DIMOSTRATIVI

singolare	*plurale*
deze *[deeȥ^{e}]* = questo/a (masch. e femm.)	**deze** = questi/e
dit *[dìt]* = questo (neutro)	**deze** = questi
die *[di]* = quello/a (masch. e femm.)	**die** = quelli/e
dat *[dàt]* = quello (neutro)	**die** = quelli

PRONOMI RELATIVI

	singolare	*plurale*
di sostantivi masch. e femm.	**die** *[di]*	**die** *[di]*
di sostantivi neutri	**dat** *[dàt]*	**die** *[di]*

De moeder **die** ziek is *[d^{e} mud^{e}r di ȥik ìs]*	La madre che è malata
Het kind **dat** vrolijk is *[hèt kìnt dàt vrool^{e}k is]*	Il bambino che è allegro
De kinderen **die** honger hebben *[d^{e} kìnd^{e}r^{e}n di hòŋ^{e}r hèb^{e}n]*	I bambini che hanno fame

AGGETTIVI NUMERALI (vedi capitolo III, pag. 23)

AVVERBIO

Gli avverbi sono invariabili. Per molti avverbi di qualità vengono usati i corrispondenti aggettivi non declinati:

goed = buono [*¢ut*]	Zij spreken **goed** [*ʐèi spreekᵉn ¢ut*]	Essi parlano bene
slecht = cattivo [*slè¢t*]	Wij werken **slecht** [*vèi vèrken slè¢t*]	Noi lavoriamo male

GRADI DI COMPARAZIONE

Il comparativo e il superlativo vengono formati aggiungendo rispettivamente **-er** e **-st:**

rijk: ricco [*rèik*]	rijk**er**: più ricco [*rèikᵉr*]	(het) rijkst: il più ricco [*hèt rèikst*]
arm: povero [*àrm*]	arm**er**: più povero [*àrmᵉr*]	(het) armst: il più povero [*hèt àrmst*]

Alcuni dei casi irregolari che si incontrano più di frequente:

goed [*¢ut*]	**beter** [*beetᵉr*]	**best** [*bèst*]	buono (bene)/meglio/ il migliore
graag [*¢raa¢*]	**liever** [*livᵉr*]	**liefst** [*lifst*]	volentieri/il più volentieri il più volentieri
veel [*veel*]	**meer** [*meer*]	**meest** [*meest*]	molto/più/il più
weinig [*vèinì¢*]	**minder** [*mìndᵉr*]	**minst** [*mìnst*]	poco/meno/il meno

dichtbij [*dì¢tbèi*] vicino	**dichterbij** [*dì¢tᵉrbèi*] più vicino	**het dichtstbijzijnde** [*hèt dì¢tsbèiʐèinde*] il più vicino

Alcuni esempi dell'uso del comparativo e del superlativo:

Ik ben rijk**er dan** jij [*ìk bèn rèikᵉr dàn ièi*]	Sono più ricco/a di te
Ik ben **minder** rijk **dan** hij [*ìk bèn mìndᵉr rèik dàn hèi*]	Sono meno ricco/a di lui
Ik ben **even** rijk **als** zij [*ìk bèn eevᵉn rèik àls ʐèi*]	Sono ricco/a quanto lei
Hij is **het rijkst** [*hèi ìs hèt rèikst*]	Egli è il più ricco

VERBO

L'infinito dei verbi olandesi finisce in **-en** oppure **-n***.
Per coniugare il verbo olandese è importantissimo conoscere la radice, che si trova togliendo dall'infinito **-(e)n**.

Esempio:	infinito	radice	
	werk**en** >	werk	(lavorare)
	[*vèrk^{e}n*]	[*vèrk*]	
	doe**n** >	doe	(fare)
	[*dun*]	[*du*]	

> *** NB** si tratta dei verbi doen (fare), gaan (andare), slaan (picchiare), staan (stare), zien (vedere) e i loro composti

Fino a poco tempo fa il verbo olandese veniva diviso in quattro categorie, ovvero una per i verbi regolari e tre per quelli irregolari, questi ultimi distinti a loro volta secondo il grado e il tipo di irregolarità. In molte grammatiche olandesi moderne ormai si distinguono soltanto due categorie: i verbi regolari e i verbi irregolari.

a) Il **presente** di quasi tutti i verbi, **regolari** e **irregolari**, si forma così:

	singolare	*plurale*
1a pers.	radice	radice + **en** [^{e}*n*]
2a pers.	radice + **t***	radice + **en** [^{e}*n*]
3a pers.	radice + **t**	radice + **en** [^{e}*n*]

> *** NB**
> Nelle frasi dove **jij, je** segue il verbo la **-t** viene a cadere
> Esempio:
>
> | | | | |
> |---|---|---|---|
> | jij/je werkt | tu lavori | werk jij/je? | lavori? |
> | **ma:** | | | |
> | u werkt | Lei lavora | werkt u? | lavora? |

Coniugazione presente:

Esempio:

	werken (lavorare)	**bellen** (suonare)	**vallen** (cadere)
	[*vèrk^{e}n*]	[*bèl^{e}n*]	[*vàl^{e}n*]
ik	werk(lavoro)	bel(suono)	val (cado)
jij/je/u	werk**t**	bel**t**	val**t**
hij/zij/het	werk**t**	bel**t**	val**t**
wij/we	werk**en**	bell**en**	vall**en**
jullie/je	werk**en**	bell**en**	vall**en**
zij/ze	werk**en**	bell**en**	vall**en**

Eccezioni: **hebben** (avere), **zijn** (essere), **zullen** (verbo che si usa per formare il futuro), **kunnen** (potere), **mogen** (aver il permesso) e **willen** (volere). Per la coniugazione di questi verbi vedi più avanti.

NB Anche per il verbo vale quanto spiegato ai punti a), b), c) del SOSTANTIVO, quindi:

sp**e**len:	ik sp**ee**l	(giocare, io gioco)
sto**pp**en:	ik sto**p**	(fermare, io fermo)
schrij**v**en	ik schrij**f**	(scrivere, io scrivo)
wij**z**en	ik wij**s**	(indicare, io indico)
ma:		
k**o**men	ik k**o**m	(venire, io vengo)

b) l'imperfetto di tutti i verbi, regolari e irregolari, conosce solo **due** forme: una per il singolare e una per il plurale. I verbi regolari e quelli irregolari, tuttavia, si distinguono proprio nella formazione dell'imperfetto e del participio passato (ecco perché trattiamo queste due forme insieme).

L'**imperfetto** e il **participio passato** dei verbi **regolari** si formano così:

imperfetto:

	singolare	plurale
1ª, 2ª, 3ª pers.	radice + **te/de** [t^e/d^e]	radice + **ten/den** [t^en/d^en]

participio passato:	**ge** radice + **t/d** [¢^{e}]

NB Se la radice del verbo finisce in **ch, f, k, p, s, t** si usa **te/ten/**ge...**t**, altrimenti si usa **de/den**/ge...**d.**

L'**imperfetto** e il **participio passato** dei verbi **irregolari** invece sono spesso caratterizzati dal cambiamento della penultima vocale dell'infinito.
Per ogni verbo irregolare, comunque, è indispensabile imparare a memoria la prima persona dell'imperfetto e il participio passato. Alla fine di questa piccola grammatica viene riportato l'elenco dei verbi irregolari di uso più frequente.

Coniugazione imperfetto:

Esempio:

	regolare	regolare	irregolare
	werken (lavorare) [*vèrk*^{e}*n*]	bellen (suonare) [*bèl*^{e}*n*]	vallen (cadere) [*vàl*^{e}*n*]
ik	werk**te** (lavoravo)	bel**de** (suonavo)	**viel** (cadevo)
jij,je/u	werk**te**	bel**de**	**viel**
hij/zij/het	werk**te**	bel**de**	**viel**
wij,we	werk**ten**	bel**den**	vielen
jullie	werk**ten**	bel**den**	vielen
zij, ze	werk**ten**	bel**den**	vielen

Participio passato:

Esempio:

gewerk**t**	**ge**bel**d**	**ge**vall**en**
[*¢*^{e}*vèrkt*]	[*¢*^{e}*bèlt*]	[*¢*^{e}*vàl*^{e}*n*]
(lavorato)	(suonato)	(caduto/a)

c) Il passato prossimo si forma con i verbi ausiliari **hebben** (avere) oppure **zijn** (essere) + participio passato.

Esempio:

ik **heb** gewerkt [*ìk hèp ¢*^{e}*vèrkt*] ho lavorato
ik **ben** gevallen [*ìk bèn ¢*^{e}*vàl*^{e}*n*] sono caduto

Coniugazione dei verbi **hebben** [*hèben*] (avere) e **zijn** [*ʒèin*] (essere)

	presente		imperfetto	
ik	**heb** (ho)	**ben** (sono)	**had** (avevo)	**was** (ero)
jij/u	**hebt**	**bent**	**had**	**was**
hij/zij/het	**heeft**	**is**	**had**	**was**
wij	**hebben**	**zijn**	**hadden**	**waren**
jullie	**hebben**	**zijn**	**hadden**	**waren**
zij	**hebben**	**zijn**	**hadden**	**waren**

Ik heb gehad: io ho avuto
[*ìk hèp ¢*^{e}*hàt*]

ik ben geweest: io sono stato/a
[ìk bèn *¢*^{e}*veest*]

d) Il **futuro** si forma con il verbo ausiliare **zullen** [*ʒ*^{ö}*l*^{e}*n*] coniugato + infinito.

Esempio:

Ik **zal** werken [*ìk ʒàl vèrk*^{e}*n*] lavorerò

	singolare	plurale
1ª pers.	**zal** [*ʐàl*]	**zullen** [*ʐöl^en*]
2ª pers.	**zult, zal** [*ʐölt, ʐàl*]	**zullen** [*ʐöl^en*]
3ª pers.	**zal** [*ʐàl*]	**zullen** [*ʐöl^en*]

> Per indicare il **futuro** si tende ad usare, molto più spesso che nella lingua italiana, il presente.

e) Il **passivo** si forma con il verbo ausiliare **worden** [*vòrd^en*] coniugato + participio passato.

Come complemento agente si usa **door:**

Esempio:

Het kind **wordt door** zijn moeder gewassen [*hèt kìnt vòrt door ʐèin mud^er ¢ ^evàs^en*]	Il bambino **viene** lavato **dalla** madre

Coniugazione	presente	imperfetto
ik	**word** [*vòrt*]	**werd** [*vèrt*]
jij,u	**wordt** [*vòrt*]	**werd** [*vèrt*]
hij/zij/het	**wordt** [*vòrt*]	**werd** [*vèrt*]
wij	**worden** [*vòrd^en*]	**werden** [*vèrd^en*]
jullie	**worden** [*vòrd^en*]	**werden** [*vèrd^en*]
zij	**worden** [*vòrd^en*]	**werden** [*vèrd^en*]

f) Il verbo **riflessivo**

Esempio:

zich wassen: [*ʐì¢ vàs^en*]	lavarsi
ik was **me,** [*ìk vàs m^e*]	io mi lavo
jij wast **je** [*ièi vàst i^e*]	tu ti lavi
u wast **zich** (u) [*ü vàst ʐì¢ (ü)*]	Lei si lava
hij/zij/het wast **zich** [*hèi, ʐèi, hèt vàst ʐì¢*]	egli/ella/esso si lava
wij wassen **ons** [*vèi vàs^en òns*]	noi ci laviamo
jullie wassen **je** [*iöli vàs^en i^e*]	voi vi lavate
zij wassen **zich** [*ʐèi vàs^en ʐì¢*]	essi/esse si lavano

La coniugazione (irregolare) del presente di alcuni verbi molto usati:

	mogen [*moo¢ᵉn*] (avere il permesso)	**willen** [*vìlᵉn*] (volere)	**kunnen** [*k^{ö}nᵉn*] (potere)	**gaan** [*¢aan*] (andare)
ik	**mag**	**wil**	**kan**	**ga**
jij,u	**mag**	**wilt**	**kunt,kan**	**gaat**
hij/zij/het	**mag**	**wil**	**kan**	**gaat**
wij	**mogen**	**willen**	**kunnen**	**gaan**
jullie	**mogen**	**willen**	**kunnen**	**gaan**
zij	**mogen**	**willen**	**kunnen**	**gaan**

COSTRUZIONE DELLA FRASE

La costruzione di una frase semplice è: **soggetto - verbo coniugato - complemento.**

Esempio:	Hij was in Amsterdam [*hèi vàs ìn àmst*^{e}*rdàm*]	Egli era ad Amsterdam

È importante tenere presente quanto segue:

INVERSIONE

Si parla di inversione quando il soggetto viene **dopo** il verbo. Ciò avviene nei seguenti casi:

a) Quando la frase comincia con un avverbio o con un complemento (di tempo, luogo ecc.).

Esempio:

Gisteren was hij in Amsterdam [*¢ìst*^{e}*r*^{e}*n vàs hèi ìn àmst*^{e}*rdàm*]	**Ieri** egli era ad A'dam
Om vijf uur was hij in Amsterdam [*òm vèif ür vàs hèi ìn àmst*^{e}*rdàm*]	**Alle cinque** era ad A'dam

b) Quando si pone una domanda

Esempio:

Was hij in Amsterdam? [*vàs hèi ìn àmst*^{e}*rdàm?*]	Egli era ad Amsterdam?
Wanneer was hij in Amsterdam? [*vàneer vàs hèi ìn àmst*^{e}*rdàm*?]	Quando era ad Amsterdam?

NEGAZIONE

La negazione si esprime con **niet** [*nit*] (non) o con **geen** [*¢een*] (non ... alcun, non).

a) Per rendere negativa una frase si inserisce **niet** dopo il verbo.

Esempio:

Hij was **niet** in Amsterdam [*hèi vàs nit ìn àmst*^{e}*rdàm*]	Egli non era ad Amsterdam

Quando la frase contiene un complemento oggetto si inserisce **niet** dopo il complemento, se quest'ultimo indica un sostantivo definito.

Esempio:

Hij heeft de boeken **niet** [*hèi heeft d^e buk^en nit*]	(Egli) **non** ha i libri

b) Si usa **geen** per rendere negativo un sostantivo generico, indefinito e lo si inserisce prima di tale sostantivo.

Esempio:

Ik lees **geen** boeken [*ìk lees ¢een buk^en*]	Non leggo libri
Ik drink **geen** melk [*ìk drìnk ¢een mèlk*]	Non bevo latte
Ik spreek **geen** Nederlands [*ìk spreek ¢een need^erlànts*]	Non parlo olandese
Ik ben **geen** dokter [*ìk bèn ¢een dòkt^er*]	Non sono medico
Ik heb **geen** honger [*ìk hèp ¢een hòŋ^er*]	Non ho fame
Ik heb **geen** zin [*ìk hèp ¢een ẕìn*]	Non ho voglia

POSIZIONE DEL VERBO

In una frase dove si ha un tempo composto (verbo ausiliare + participio passato) il participio passato è sempre messo alla fine della frase, anche quando questa è molto lunga.

Esempio:

Hij **is** in Amsterdam **geweest** [*hèi ìs ìn àmst^erdàm ¢^eveest*]	Egli **è stato** ad Amsterdam
Hij **is** gisteren samen met vrienden naar de tentoonstelling van van Gogh in Amsterdam **geweest** [*hèi ìs¢ìst^er^en saam^en mèt vrind^en naar d^e tèntoonstèlìŋ vàn vàn ¢ò¢ ìn àmst^erdàm ¢^eveest*]	Ieri **è stato** ad Amsterdam con degli amici alla mostra di Van Gogh.

Anche quando, oltre al verbo coniugato, ci sono altri verbi, questi vanno in fondo alla frase.

Esempio:

Hij **wil** naar Amsterdam **gaan** [*hèi vìl naar àmst^erdàm ¢aan*]	Egli vuole andare ad Amsterdam

> Quindi:
> **soggetto - verbo coniugato - complementi - altro/i verbo/i**

SEPARAZIONE DEL VERBO

Quando si coniuga un verbo composto bisogna separarlo se l'accento cade sul prefisso, mettendo il prefisso in fondo alla frase.

Esempio:

aanwijzen [*aanvèiȥ*^{e}*n*]	indicare
Hij **wijst** de winkel **aan** [*hèi vèist d*^{e} *vìnk*^{e}*l aan*]	(Egli) indica il negozio
thuiskomen [*töìskoom*^{e}*n*]	venire a casa
Zij **komt** heel laat **thuis** [*ȥèi kòmt heel laat töìs*]	Lei viene a casa molto tardi

FRASI COMPOSTE

NB: nelle frasi secondarie generalmente il verbo coniugato va in fondo ed è preceduto dagli eventuali altri verbi.

Esempio:

Ik kan niet komen, omdat ik ziek **geweest ben** [*ìk kàn nit koom*^{e}*n òmdàt ìk ȥik ¢*^{e}*veest bèn*]	Non posso venire, perché sono stato malato

ALCUNI VERBI IRREGOLARI DI USO FREQUENTE

infinito	imperfetto	part. passato	traduzione infinito
beginnen	**begon**	**begonnen**	cominciare
brengen	**bracht**	**gebracht**	portare
denken	**dacht**	**gedacht**	pensare
doen	**deed**	**gedaan**	fare
drinken	**dronk**	**gedronken**	bere
eten	**at**	**gegeten**	mangiare
gaan	**ging**	**gegaan**	andare
geven	**gaf**	**gegeven**	dare
helpen	**hielp**	**geholpen**	aiutare
heten	**heette**	**geheten**	chiamarsi
houden van	**hield van**	**gehouden van**	amare
kijken	**keek**	**gekeken**	guardare
komen	**kwam**	**gekomen**	venire
kopen	**kocht**	**gekocht**	acquistare
krijgen	**kreeg**	**gekregen**	ricevere
kunnen	**kon**	**gekund**	potere
lachen	**lachte**	**gelachen**	ridere
lezen	**las**	**gelezen**	leggere
lopen	**liep**	**gelopen**	camminare
moeten	**moest**	**gemoeten**	dovere
mogen	**mocht**	**gemogen**	avere il permesso
nemen	**nam**	**genomen**	prendere
rijden	**reed**	**gereden**	andare (p.es. con la bici, la macchina)
roepen	**riep**	**geroepen**	chiamare
schrijven	**schreef**	**geschreven**	scrivere
slapen	**sliep**	**geslapen**	dormire
spreken	**sprak**	**gesproken**	parlare
staan	**stond**	**gestaan**	stare (in piedi)
stelen	**stal**	**gestolen**	rubare
vallen	**viel**	**gevallen**	cadere
vergeten	**vergat**	**vergeten**	dimenticare
verliezen	**verloor**	**verloren**	perdere
vinden	**vond**	**gevonden**	trovare
vragen	**vroeg**	**gevraagd**	chiedere
wassen	**waste**	**gewassen**	lavare
weten	**wist**	**geweten**	sapere
wijzen	**wees**	**gewezen**	indicare
winnen	**won**	**gewonnen**	vincere
worden	**werd**	**geworden**	diventare
zien	**zag**	**gezien**	vedere
zitten	**zat**	**gezeten**	sedersi, stare seduto
zenden	**zond**	**gezonden**	spedire
zoeken	**zocht**	**gezocht**	cercare
zwemmen	**zwom**	**gezwommen**	nuotare

INDICE ALFABETICO

I MIEI APPUNTI

I MIEI APPUNTI

I MIEI APPUNTI

I MIEI APPUNTI

I MIEI APPUNTI

I MIEI APPUNTI

I MIEI
APPUNTI

I MIEI APPUNTI

I MIEI APPUNTI

Finito di stampare nel gennaio 2008
dalla S.A.T.E. s.r.l.
di Zingonia (Bergamo)